高尔夫赛事组织管理研究

杨建哲　著

中国水利水电出版社
www.waterpub.com.cn
·北京·

内 容 提 要

本书以高尔夫赛事为研究对象，在阐述高尔夫赛事基本知识内容的基础上，较为细致地对高尔夫的比洞赛和比杆赛进行了分类研究，并分别就高尔夫赛事竞赛规程、高尔夫赛事的前期策划与营销、高尔夫赛事组织机构设置与启动进行了深入解析与研究。

本书语言简练、结构清晰、内容丰富，系统性、时代性、创新性等特点显著，还具有非常高的参考和借鉴价值。

图书在版编目(CIP)数据

高尔夫赛事组织管理研究/杨建哲著. —北京：中国水利水电出版社，2018.9 （2024.1重印）

ISBN 978-7-5170-7018-4

Ⅰ.①高… Ⅱ.①杨… Ⅲ.①高尔夫球运动—运动竞赛—组织管理—研究 Ⅳ.①G849.37

中国版本图书馆 CIP 数据核字(2018)第 238530 号

书 名	高尔夫赛事组织管理研究 GAOERFU SAISHI ZUZHI GUANLI YANJIU
作 者	杨建哲 著
出版发行	中国水利水电出版社 (北京市海淀区玉渊潭南路 1 号 D 座 100038) 网址：www.waterpub.com.cn E-mail：sales@waterpub.com.cn 电话：(010)68367658(营销中心)
经 售	北京科水图书销售中心(零售) 电话：(010)88383994、63202643、68545874 全国各地新华书店和相关出版物销售网点
排 版	北京亚吉飞数码科技有限公司
印 刷	三河市元兴印务有限公司
规 格	170mm×240mm 16 开本 16.75 印张 217 千字
版 次	2019 年 3 月第 1 版 2024 年 1 月第 2 次印刷
印 数	0001—2000 册
定 价	82.00 元

凡购买我社图书，如有缺页、倒页、脱页的，本社营销中心负责调换

版权所有·侵权必究

序

2009年10月的一天，我在北京体育大学图书馆查资料。正在读研究生二年级的我被《参考消息》上的两条新闻所吸引。第一条新闻讲到“高尔夫运动将于2016年重返奥运赛场，成为巴西里约奥运会正式比赛项目”。第二条新闻介绍了我国计划把海南打造成国际化旅游岛，并提出将建设100座高尔夫球场的规划。综合两条新闻，头脑中闪现的第一个想法是未来高尔夫领域人才缺口一定很大。带着增加一项求职技能的想法，当即下单买了人生第一支二手高尔夫球杆，从此误打误撞叩开了高尔夫大门。

当时北京体育大学已经和万柳高尔夫俱乐部合作开设了高尔夫方向班，求知若渴的我经常去方向班蹭课，并且积极参加校园高尔夫社团活动。一来二去和方向班的老师和同学都熟络起来，经常一起练球，参加各类高尔夫活动。通过对高尔夫运动进一步了解，让我对小白球更加着迷。偶然的机会，我以志愿者身份参与到一场职业比赛的竞赛组织工作。第一次身处一线全程参与比赛筹备、赛前媒体宣传、赛中赛事运行、赛后颁奖全过程。发现高尔夫赛事和其他运动比赛无论是赛程、赛制到媒体宣传都有一套严谨的赛事运作模式，当时头脑中涌现出很多问题：高尔夫四大赛是如何运营的，高尔夫赛事领域国内是否有学者研究过？这次志愿者经历为本书的撰写作出启发。

从北体毕业后，虽然没有在高尔夫产业第一线工作。但身为高校教师的我深感有责任在大学生人群中推广高尔夫运动，这样一项绿色、阳光、自律、友爱的运动，应该让更多学生了解。在我的积极推进下，我所就职的河海大学于2012年开设了高尔夫选修课，于2013年组建了第一个大学生高尔夫社团。2016年高尔夫项目成了体育选项课中的一个运动课程。每学期都有数以百计的学生能够了解高尔夫运动，学习高尔夫规则，掌握高尔夫挥杆原理，熟识高尔夫礼仪。很多企业管理学院的毕业生工作几年和我反馈说，高尔夫运动已经成为他们有效与客户沟通的重要平台、对他们的工作开展大有裨益。我听后十分欣慰。

5 年来我一直对国内外高尔大赛事管理方向的文献进行梳理，结合自己的想法和创新点进行积累。并以此书作为 5 年来的汇报总结。同时通过出版这本书，以此纪念我和高尔夫的十年之约。感谢我的家人，特别是我的爱人李淑婷女士、我的女儿杨允墨对我科研工作的支持与理解。

杨建哲

2018 年 6 月

前　言

高尔夫运动是一项历史悠久、极具文化内涵的球类运动，作为一项户外体育运动，它充分彰显了"绿色、氧气、阳光、友谊"的运动特点，运动过程中亲近自然，可同时体验体育的技巧与优雅，一直以来都备受推崇。

现阶段，国内外高尔夫运动发展迅速，就我国而言，高尔夫运动虽然起步晚，但发展速度迅猛，参与人数成倍增长，各种高尔夫球会所、度假村数量剧增，在体育职业化和商业化的影响下，各种高尔夫运动竞赛更是层出不穷，本书就是从竞赛角度对高尔夫运动进行的深入研究，旨在为当前各种高尔夫赛事的科学化组织与管理提供理论与实践指导，以进一步规范我国高尔夫赛事体系，使我国高尔夫赛事的运作更加成熟。

本书共八章，从不同方面对高尔夫赛事进行了系统研究。第一章为高尔夫赛事概述，全面阐述了高尔夫赛事的起源与发展，高尔夫赛事的概念、分类与特征，并就现阶段的国内外主要高尔夫赛事情况进行了深入分析；第二章为高尔夫的比洞赛和比杆赛，对高尔夫具体赛事开展进行了细致研究，内容包括比洞赛与比杆赛概述、比洞赛与比杆赛的规则差异、比洞赛与比杆赛的组织方式；第三章为高尔夫赛事竞赛规程，在阐述高尔夫赛事竞赛规程基础理论知识的基础上，重点就高尔夫竞赛规程的依据、原则与内容进行了系统分析；第四章为高尔夫赛事的前期策划与营销，重点就高尔夫赛事的赛前评估、赛事策划、赛事营销、赛事市场开发、赛事赞助等进行了深入研究；第五章为高尔夫赛事组织机构设置与启动的研究，在分析高尔夫赛事组织机构的类型与各部门职责的基础上，重点解析了高尔夫赛事组织机构设置的原则与要求，并就高尔夫赛事规划的制定、高尔夫竞赛规程的制定以及高尔夫赛事的编排进行了较为深入和细致地分析；第六章结合高尔夫赛事开展，从高尔夫赛前准备、竞赛期、竞赛结束期三个方面就高尔夫赛事组织管理工作程序与安排进行了系统研究；第七章为高尔夫赛事资源管理体系的构建，涉及高尔夫赛事管理的五个重点方面的内容，即高尔夫赛事的物力资源管理、财力资源管理、人力资源管理、后勤管理、风险管理；第八章重点研究了高尔夫训练体系及其科学管理，其内容主要包括高尔夫运动员的体能、心理、智能与技能训练，并对运动员训练的科学管理做出了一定的分析。通过各章内容的研究与论述，对于高尔夫赛事组织与管理者科学组织和运营高尔夫赛事具有重要的理论和实践指导作用。

本书的研究与撰写，在重视研究系统、逻辑严谨、结构清晰、内容全面的基础上，还重点突出了以下两个特点：首先，突出了系统性，本书以高尔夫赛事为研究对象，内容涉及高尔夫赛事组织与管理的方方面面；其次，突出了科学性，本书对高尔夫赛事的研究，均建立在高尔夫赛事组织与管理理论基础之上，遵循高尔夫赛事发展特点和规律，并与当下的高尔夫赛事发展现状相结合，研究严谨、务实。

撰写过程中，本书参考了许多专家的相关研究成果，在此一并表示感谢。由于撰写时间和知识结构所限，书中难免存在不妥之处，恳请广大读者批评指正。

作　者

2018 年 6 月

目　录

第一章　高尔夫赛事概述

随着高尔夫运动在我国的不断发展，越来越多的高水平高尔夫赛事开始进入中国。本章重点探讨高尔夫赛事的概况，主要包括对高尔夫赛事的起源与发展、高尔夫赛事的概念、分类与特征以及国内外主要的高尔夫赛事进行探讨。

第一节　高尔夫赛事的起源与发展

一、高尔夫的起源与发展

（一）高尔夫的起源

关于高尔夫的起源说法不一，如有人称中国唐朝的"步打球"游戏和元朝的"捶丸"运动是现代高尔夫的雏形；也有人认为早期生活在北欧地区的荷兰人用棒打球的游戏——"KOLVEN"或"KOLF"是现代高尔夫的雏形；还有人结合高尔夫历史遗风或人文特点，认为现代高尔夫起源于苏格兰。

1．苏格兰起源说

苏格兰的地理位置属于海洋性气候，全年温和湿润。丘陵起伏的地理特征适合植被和牧草的生长。因此，畜牧业是苏格兰早期的主要经济资源。在中世纪之前，苏格兰的牧羊人在放牧时经常用牧鞭击打石子，把石子击入兔子洞以自娱自乐。这种游戏十分盛行，石子打入兔子洞的人为表庆贺就喝1酒瓶盖酒，当时1瓶盖酒约合1盎司，而一个酒瓶的容量通常是18盎司，喝完1瓶酒时，正好打了18个洞穴。久而久之，打18洞穴就成了游戏的基本规则。

在14世纪中叶，苏格兰牧羊人的这种后来被称为“golf”的游戏在苏格兰的东海岸广泛流行，并由苏格兰东部的港口城市圣·安德鲁斯的商人们流传到全世界。当时，高尔夫游戏非常流行和盛行，人们打高尔夫的热情空前，“这项娱乐性和趣味性极强的游戏，严重影响和妨碍了苏格兰正常的军事训练，进而无法保卫苏格兰疆土抗击英格兰人”，以至于1457年3月，当时的苏格兰国王詹姆士二世颁布了“停止并取缔人们打高尔夫游戏”的法令，现有的历史资料的记载中也发现当时的国会有相似的“禁止人们打高尔夫”的相关法令。而英国《大不列颠百科全书》中也已明确地记载了“现代高尔夫运动起源于14世纪中叶的苏格兰”。因此，高尔夫运动起源于苏格兰这一说法被广泛认同。

2.荷兰起源说

在人类历史中，文化受不同时期的社会环境与地理特征的影响。一些学者就不同的视角来认识与总结历史，并提出了高尔夫运动起源于荷兰的观点。

关于现代高尔夫起源于荷兰的观点，最早是由荷兰早期的史学家斯蒂文·范布勒提出的，他认为，早在1297年之前，处在封建割据中的荷兰人们经常在冬季的冰面上进行一种称为“KLOVEN”的游戏，这种游戏与现代高尔夫运动相似，因此认为是高尔夫运动的起源。16世纪初，荷兰艺术家温德尼尔(Widener)所创作的油画《冬季里打高尔夫的人们》描述人们在冰面上打球的游戏场景。而且当时荷兰每年有许多木质或皮质的球运输到苏格兰，因此，斯蒂文·范布勒认为，苏格兰人是从荷兰人那里学会打高尔夫的。

之后，高尔夫史学家威廉姆·沃克将荷兰人的“KLOVEN”游戏与苏格兰的高尔夫游戏进行了比较，由此引发了高尔夫运动起源地之争。不少史学家对斯蒂文·范布勒的观点提出了质疑，具体如下。

(1)荷兰人与苏格兰通商，将“KLOVEN”传入了远洋彼岸的苏格兰，但与苏格兰相邻的英格兰等地没有关于“KLOVEN”的任何人文痕迹。

(2)荷兰的“KLOVEN”与现代高尔夫相似，但现代高尔夫没有任何关于在冰面上游戏的历史痕迹。

斯蒂文·范布勒的认识只是停留在学术研讨层面，无法形成有历史研究价值的理论学说，但关于其观点的历史疑点也无法找到破解的相关佐证。

3. 中国起源说

中国历史悠久，有着浓厚的文化传统。唐朝时期，社会、政治、经济、文化繁荣，有“中国历史上的文艺复兴”之称。这一时期，宫廷中盛行一种“步打球”的游戏，和现代高尔夫运动相似。到了元代，称为“捶丸”，它将人们的道德修养与行为规范融为一体，与现代高尔夫运动如出一辙。因此，人们从人类文化的传承与变迁的发展规律的角度提出了现代高尔夫运动起源于中国的观点。

(1)“步打球”(捶丸)游戏的兴起

“步打球”(捶丸)游戏与现代高尔夫“如出一辙”，与中国唐朝出现的“马球”(击鞠)游戏有着深层的社会联系，有学者认为“步打球”(捶丸)是“马球”(击鞠)游戏的文化延伸。[①] 唐朝时期，“马球”游戏流行广泛，上至达官贵人，下至庶民百姓人人都十分喜欢该运动。在唐朝宫殿的球场中经常有人进行马球游戏的游玩。由于长期生活在宫廷中的仆人和宫女不擅长骑马，于是就以徒步

① 张晓春，吴亚初. 现代高尔夫运动中国源流考[J]. 北京体育大学学报，2007(9).

持杖打球，这种新的游戏方法就是中国历史上“捶丸”游戏的雏形——“步打球”。唐贞观年间，“步打球”这种充满“宫廷文化”色彩的娱乐游戏深受不擅长骑马的人的喜爱，流传至民间后得到广泛认同，并迅速在社会上传播开来。

在唐朝时期，“步打球”游戏的影响力越来越大，成为当时一种重要的文化现象。首先，当时的“步打球”还与音乐和舞蹈相结合，唐玄宗李隆基还将“打球乐”的伴舞音乐改变为“羯鼓曲”。其次，很多文人都曾以“步打球”为题材进行创作。如唐代诗人花蕊夫人在《宫词》中对宫廷中盛行的“步打球”描述为“殿前铺设两边楼，寒食宫人步打球。一半走来争跪拜，上棚先谢得头筹”。唐代诗人张祜的《少年乐》中的诗句“二十便封侯，名居第一流。绿鬟深小院，清管下高楼。醉把金船掷，闲敲玉镫游。带盘红鼹鼠，袍砑紫犀牛。锦袋归调箭，罗鞋起拨球。眼前长贵盛，那信世间愁”。更体现了当时“步打球”在社会上的流行。最后，“步打球”还丰富了当时的绘画作品，现存于山西省洪洞县广胜寺水神庙明应王殿的大型系列壁画《打球图》，上海博物馆珍藏的明朝国画《仕女捶丸图》生动地描绘了我国元朝和明朝初期“捶丸”游戏的娱乐场面，人物造型栩栩如生，画中人物使用的器械（球杆）物型的勾画与两百年之后出现的苏格兰高尔夫游戏器具十分相似。发展到元朝时期，“步打球”游戏开始走向鼎盛，它已经从一种简单的休闲娱乐的游戏，发展成为一种将道德修养与行为规范融为一体、促进人们交流与往来的竞技文化。1282年，一位被称为“宁志斋”的老人编写了《丸经》一书，这是一部专门论述“步打球”游戏的著作，它的出现不仅从“步打球”游戏的形式上结束了长达数百年没有统一游戏规则的历史，而且将该项游戏命名为“捶丸”。《丸经》分上、下卷，共32章，介绍了“捶丸”的发展历史、场地要求、使用器具、动作要领、游戏策略以及输赢的评判方法，还强调了参与者的思想品德与行为规范要求，是关于“捶丸”的珍贵史料。

(2)“步打球”(捶丸)游戏的衰亡

“步打球”(捶丸)游戏从唐朝“马球”游戏的启蒙，到元朝的鼎盛发展经历了长达几个朝代数百年的时间,明朝的中后期,至整个清朝,由于受到理性主义的思想回潮影响,导致了中国历史上“捶丸”游戏的覆亡。

在明朝,理性主义文化思潮开始占据当时的主流社会。明、清统治者大力推崇《性理大全》和《性理精义》,肆意抬高了宋朝理学学说的地位,并将其上升为国家的意识形态。来自于社会文化层面的思想禁锢,无形中对“捶丸”游戏形成一种长期的、无法抗拒的“禁行令”。曾经代表“文化盛世”的“娱乐文化”“竞技文化”,如“蹴鞠”“捶丸”等逐渐退出了中国历史舞台。有学者称现代高尔夫运动起源于中国,但因高尔夫与捶丸的时空相差较大,需要做进一步深入地挖掘与研究。

(二)高尔夫的发展

从上述起源学说来看,高尔夫是由中世纪苏格兰牧羊人的田园游戏所启蒙的一种户外运动。从启蒙高尔夫运动社会群体的基本特征来讲,与当今社会普遍认为的高尔夫属于“绅士运动”的文化特质相去甚远。而早期代表统治阶层利益的“君王”与“国会”,所颁布的相关禁止高尔夫游戏的法令,也能说明,现代高尔夫既不是“贵族集团”的原创,也不是“绅士文化”的翻版。从牧羊人自娱自乐的“田园游戏”,发展成为具有中世纪“绅士文化”行为特征的户外运动,高尔夫运动同人类其他文化的社会发展一样,社会环境或者文化创造背景,是高尔夫演化的社会基础。不同历史时期的社会特征或文化环境,构成了高尔夫这一特殊文化现象内涵的提升与外延不断发展的历史境遇,进而形成了高尔夫文化不断创新和发展的社会条件。

1. 高尔夫早期阶段的发展

高尔夫运动的萌芽在14世纪,这一时期有关高尔夫的文字记载很少,因此早期的高尔夫运动的启蒙只能根据历史传说进行判定。

早期高尔夫起源于苏格兰人用牧鞭将石子击打进兔子洞的游戏。这种在劳动过程中启蒙和发展起来的游戏被人们接受和认同。当时，参与游戏的主要社会群体是来自社会的"草根阶层"，即牧羊人或渔夫。最初他们是在劳动之余使用劳动工具进行，之后随着高尔夫游戏的普及和发展，人们逐渐脱离了以劳动工具作为游戏器具，开始利用树干加工制作成专门的器具，并将羊皮缝制的填满羽毛的球或用木制的球作为最早的高尔夫球。这一时期的高尔夫运动只是一种娱乐和消遣运动，游戏规则随意，游戏的文化底蕴还没有形成。

2. 中世纪高尔夫的发展

中世纪的欧洲，"贵族集团"在政治、经济上享有绝对的特权，他们所倡导的"贵族精神"成为社会发展的"文化坐标"。公元1502年，英格兰与苏格兰停战后签订和平协议，苏格兰人又被允许在除了星期日的其他时间打高尔夫。1503年，圣安德鲁斯大教堂约翰·汉尼斯顿主教确认了高尔夫游戏规则。之后，高尔夫运动的文化特质开始逐渐形成与发展。

(1)高尔夫参与社会群体的变化

15世纪初，曾经签署禁令的国王、王室成员、上层贵族开始越来越多地参与到高尔夫游戏当中，这些上层社会成员的参与对高尔夫运动来说不仅是参与群体的变化，更给高尔夫运动带来了一种强势的文化渗透。

中世纪的欧洲，由于受到绅士文化教育和熏陶，贵族们在任何社会场合都是衣冠楚楚、西装革履，行为举止都彰显着他们自身与众不同的身份和地位。随着贵族们越来越多地参与高尔夫运动，他们将这种"贵族精神"气质带到高尔夫游戏中来，具体表现在着装、运动行为、游戏规则中，这种特有的"贵族精神"和"绅士文化"深刻地影响了高尔夫运动，甚至带有一定程度的排他性，由于当时社会以贵族集团所标榜的"绅士文化"作为社会主体文化，这使得高尔夫运动从普通牧羊人的游戏逐渐演变为代表"贵族集团”文化特征的“绅士运动”。

(2)高尔夫由游戏向社交的演进

随着上层社会成员对高尔夫运动的兴趣日趋浓厚，高尔夫运动场地原有的娱乐性发生了变化，高尔夫运动的运动强度和风格特点决定了它成为贵族们的一种消遣性的户外活动方式。由于在中世纪，社会交往是贵族生活方式和“贵族精神”教育的重要组成部分，因此，高尔夫球场逐渐成为贵族们社交活动的重要场所，把打高尔夫球看作是一种重要的社交活动，贵族们以这种消遣的活动方式来沟通情感、切磋技艺。

在把高尔夫“乡村游戏”演绎成“田园社交”活动的过程中，贵族们的主观无意识和自身特有的文化特质(绅士文化)发挥了重要作用。“贵族集团”作为中世纪欧洲文化主体的传承者顺理成章地把高尔夫“游戏”作为贵族群体“绅士文化”的一部分，并加以渲染和文化渗透。最后，高尔夫运动彻底脱离了原有的充满乡村泥土气息，而成为在“绅士文化”强力制导下的、反映贵族集团文化价值取向的“田园社交”。

(3)高尔夫运动俱乐部开始出现

17 世纪中后期，俱乐部作为一种社会现象开始在西方社会出现。随着高尔夫运动在贵族之间的进一步发展，松散型的聚集方式渐渐已经不能适应贵族们参与高尔夫运动的需求，各种以“球友会”的组织方式开始出现。

1735 年，苏格兰爱丁堡“伯吉斯高尔夫球友会”成立，标志着高尔夫运动开始走向新的历史发展。1744 年，“利斯绅士高尔夫球友会”成立，早期在纯自然的状态下进行的高尔夫运动得以终结，高尔夫运动开始由专人组织和管理。此后，苏格兰地区的各种形式的“球友会”纷纷成立。1754 年，苏格兰圣安德鲁斯高尔夫球友会宣告成立，后威廉四世期间被命名为“圣安德鲁斯皇家古老高尔夫俱乐部”，并成为早期苏格兰地区，乃至当今世界范围内最具影响力的高尔夫俱乐部。高尔夫俱乐部成为西方俱乐部行业社会发展进程中最具代表性的一种文化现象。

一些热衷于高尔夫运动的贵族们自愿出资购买了原本属于社会的大片草地与海滩，并进行了符合高尔夫运动的设计与建造、维护与管理。在高尔夫俱乐部中，每个加盟者（会员）以支付年费的方式，保证俱乐部的日常运行和高尔夫球场的基本维护。这些俱乐部具有非营利性、私密性，规模小，由会员自己管理，属于纯私人的会员制组织形式。

3.18 世纪后高尔夫的发展

18 世纪末，高尔夫在社会组织形态的巨大变革中，逐渐发展成为集休闲娱乐、社交、竞技和营利于一体的运动。职业高尔夫是这一时期高尔夫运动的发展重点。

(1)职业高尔夫最初的发展

早期的高尔夫职业球员多为通过打球赌博而获取利润的一些球员，这些人以打高尔夫球谋生，他们缺乏正规、涉世不深，打球方式不符合上流社会，因此得到社会的认同极少。1902 年，英国伦敦成立了职业高尔夫球员联合会，这是世界上第一个职业高尔夫球员联合会。1916 年，罗德曼·沃那梅克在美国纽约创办了"美国职业高尔夫球协会"（PGA），当今 PGA 锦标赛的奖杯就是以罗德曼·沃那梅克命名的。职业高尔夫运动自此有了属于自己的正规组织。

19 世纪中叶起，社会生产关系不断变革和发展，经济利益开始刺激整个社会。1913 年，苏格兰圣·安德鲁斯的老球场开始向打高尔夫的人收费，高尔夫球场的经营方式也开始发生变化，原来非营利的高尔夫俱乐部开始向以经济实体和多种经营的方向发展。在社会大环境的影响下，职业高尔夫球手开始诞生并大量涌现，职业高尔夫运动正式拉开了发展序幕。

(2)职业高尔夫运动的不断完善

随着欧美职业高尔夫运动管理组织的成立，职业高尔夫运动越来越规范和严谨，在球员的参赛资格、职业身份界定、管理制度、晋级标准等方面都更加完善。例如，美国 PGA 职业高尔夫球协会不仅组织职业球员竞赛，还在许多大学开设的专业教育课程培养职业高尔夫球员、高尔夫球场管理人才和高尔夫营销管理人才。PGA 还举办各类短期培训和继续教育项目，有力地促进了职业高尔夫运动的正规化发展。

职业高尔夫运动的一系列发展大大促进了高尔夫俱乐部竞赛与场地管理的商业化进程。具体表现为雇用专业的具有良好的球技、球场管理和设计理念的职业高尔夫球员管理俱乐部。至此，高尔夫俱乐部的经营开始向着营利性的方向发展。

(3)职业高尔夫的快速发展

20 世纪之后，伴随着新兴职业竞技市场化程度的深入，职业高尔夫运动开始运用最具有商业技巧的市场方式来发展。开始充分利用电视等媒体进行商业运作。有关资料调查，美国 1946 年拥有电视机的家庭是 1.5 万户，1950 年拥有电视机的家庭约 400 万户，1953 年拥有电视机的家庭猛增至 3000 万户，1960 年拥有电视机的家庭已经达到了 4600 万户。[①] 美国 PGA 拟利用电视机广泛普及的社会基础，大力宣传当时的高尔夫"球王"——帕尔玛，并借助帕尔玛良好的公众形象向全社会推广巡回赛。当时的总统艾森豪威尔还邀请帕尔玛到白宫草坪做客。这些都大大推动了美国高尔夫运动的快速发展。因此，有人将 20 世纪 50 年代美国职业高尔夫运动的快速发展，视为艾森豪威尔——帕尔玛——TV"铁三角"组合的结果。[②] 1958 年，世界男子高尔夫队际锦标赛的冠军杯名被命名为"艾森豪威尔杯"。德国出版的《高尔夫球知识大全》也将"Eisenhower"（艾森豪威尔）列为重要词条。

进入 21 世纪，高尔夫运动有了更加广泛的社会参与人群，高校也开始将高尔夫课程作为大学体育的选修课程。高尔夫运动作为一种特殊的社会文化现象，以休闲娱乐和竞技比赛为目的，

① 王庆伟. 论西方发达国家职业体育制度的源起及其变迁[J]. 西安体育学院学报，2002(02).

② 吴亚初. 高尔夫概论[M]. 北京：人民体育出版社，2011.

正在吸引着越来越多的消费者、投资者和社会受众。

二、高尔夫赛事的起源

(一)第一场高尔夫比赛

根据相关记载,世界上最早的高尔夫比赛在高尔夫的故乡苏格兰爱丁堡的利夫球场举办。1744 年 3 月,在一群高尔夫爱好者的提议下,爱丁堡市政府举办了一年一度的比赛,比赛的奖品是一根银制球杆。在这些参赛选手中,大部分人都是业余球手,他们中有些人是职业的射箭运动员,首届比赛的冠军约翰·拉特利也是一位射箭冠军。

(二)第一场职业高尔夫比赛

1856 年,在英国普雷斯特维克高尔夫俱乐部的会议上,有人提出了举办英国公开赛的可行性,但是由于种种原因没有举办成功,直到 1860 年,普雷斯特维克俱乐部发信邀请了几家优秀的俱乐部推荐它们的球童,参加一场为刚去世的球员艾伦·罗伯森寻找接班人的比赛。这场比赛的参赛球员只有 8 人,他们也是第一批职业选手。这场比赛也就是最早的高尔夫比赛。然而,在此次比赛之后,业余球员对于只邀请 8 位职业球员的参赛方式表达了强烈的不满。于是从第二年开始,比赛就“面向全世界”,即参赛球员包括了职业球员与业余球员。虽然比赛只有 12 人参加,但也算是真正的公开赛了。

刚开始的 12 届英国公开赛都是在普雷斯特维克海滨球场举行,之后移师到圣安德鲁斯老球场,其后比赛选择不同的球场举行。在英国公开赛刚开始的 10 年,获得冠军的奖品是镶嵌银牌的红色皮带,从 1872 年起,比赛的奖品就改为由英国圣安德鲁斯皇家古老高尔夫俱乐部、普雷斯特维克高尔夫俱乐部和爱丁堡高尔夫球员贵友联合会捐赠的“葡萄壶奖杯”,并沿用至今。

三、高尔夫赛事的发展

(一)世界高尔夫赛事的发展

随着英国殖民统治的不断扩张,高尔夫运动也从英伦三岛传播到欧洲大陆、美洲大陆,一直到非洲、大洋洲和亚洲。高尔夫赛事也随之在世界各国发展起来。在高尔夫发展史上,由于历史和经济的原因,美国逐渐成为世界高尔夫发展的一片沃土,并最终成为世界高尔夫第一大国,发展到今天,美国已经拥有了 2 万多家高尔夫球场,也是世界上举办高尔夫赛事最多的国家。1894 年,美国国家高尔夫球协会成立,并且为高尔夫赛事制定了统一的规则,促进了美国高尔夫赛事的快速协调发展。在全球最具影响力的四大高尔夫赛事中,由美国举办的就有三个,它们分别为美国公开赛、美国名人赛和美国职业锦标赛(简称 PGA 锦标赛)。

受多方面因素的影响,美国高尔夫球协会制定的高尔夫规则与苏格兰的圣安德鲁斯市皇家古老高尔夫俱乐部制定的规则有一定的差别。随着国际上高尔夫赛事的发展,全球的高尔夫赛事都需要一个比较统一的规则来进行高尔夫比赛,到了 20 世纪初,两大高尔夫组织对高尔夫规则进行了统一,使高尔夫比赛有了统一的比赛规则,自此以后,世界高尔夫赛事进入了新的发展阶段。

(二)高尔夫赛事在中国的发展

1. 萌芽阶段

19 世纪末,随着我国国门的打开,高尔夫运动来到了中国。1889 年,英国殖民者在香港成立了中国最早的高尔夫俱乐部——皇家香港高尔夫俱乐部。1901 年,天津高尔夫俱乐部在天津的英租界上成立。之后在中国的一些其他城市也相继成立了一些高尔夫俱乐部。由于经济和社会文化等因素影响,这些高尔夫俱乐部的经营者以及参加高尔夫运动的人主要是外国人，高尔夫赛事也仅仅是局限在高尔夫俱乐部内部会员之间。新中国成立后，我国正处于社会主义的初步建设阶段，在意识形态领域，高尔夫被认为是资本主义的产物，因此高尔夫活动被禁止，高尔夫运动在我国发展得非常缓慢。

2.起步阶段

1978 年，中国进入了改革开放阶段，一些外商和外资企业开始进入中国，为了提供给外商们更好的休闲娱乐服务，在中国很多地方开始兴建起了高尔夫球场。1984 年 8 月，中国第一家高尔夫俱乐部——广东中山温泉高尔夫俱乐部正式开业，从此，中国高尔夫发展进入了一个新的发展阶段。中国一些大城市开始兴建起高尔夫球场，极大地推动了我国高尔夫运动的发展。

1985 年，中国高尔夫协会成立，荣高棠担任第一任主席。在中国高尔夫协会的组织和领导下，中国的高尔夫赛事也快速发展。1986 年，我国首次举办国际性高尔夫球赛——“中山杯”职业/业余国际邀请赛，这次比赛是在广东中山温泉高尔夫球会举行的。同样在这一年，中国的高尔夫运动员第一次参加了汉城(今首尔)亚运会。同年 10 月，第一届中国业余高尔夫公开赛在中山温泉高尔夫球会举行，来自中国、美国、英国、日本、菲律宾、泰国及中国香港等 14 个国家和地区的高尔夫运动员前来参赛，中国代表队取得了团体第三名的优异成绩。

1987 年，中国举办了国际高尔夫球公开赛及全运会的高尔夫球表演赛。1988 年，第一届中国女子业余公开赛在中山温泉高尔夫球会举行，来自美国、中国内地及香港等地的选手参加了比赛，中国队获得了团体冠军，林燕媚拿到了个人冠军，这是中国高尔夫历史上第一个女子比赛冠军。同年，第一届国际名人邀请赛在北京国际高尔夫俱乐部举行，56 位来自美国、澳大利亚、日本等国家和中国台湾、中国香港地区的政经界嘉宾参加比赛。

1989 年 3 月，中山温泉高尔夫球队派运动员参加香港世界业余女子高尔夫球公开赛，获团体第一名。同年 9 月，全国高尔夫球锦标赛在北京高尔夫球俱乐部举行。中国首次派队参加在新西兰举行的第十一届皇后杯业余女子高尔夫球队际邀请锦标赛，以 470 杆的总成绩获得第六名；中国组队参加“巴基斯坦国际男子业余公开赛”获团体第五名。

1990 年，中国派队参加在香港举行的第十二届皇后杯业余女子高尔夫球队际邀请锦标赛，以 478 杆的总成绩获得第五名。高尔夫球被列入北京亚运会正式比赛项目，男、女均取得了团体第四名的成绩。

1993 年 3 月 16 日，中国高尔夫协会出台了《中国高尔夫球运动实行职业化制度的具体方案（草案）》，准备在中国实施高尔夫职业赛事。

在 1994 年的日本广岛亚运会上，中国获得高尔夫男子个人赛银牌与女子团体赛铜牌的成绩，高尔夫运动逐渐被人们所熟知。

3. 快速发展阶段

1995 年，北京国际高尔夫俱乐部举行第一届沃尔沃中国公开赛，开启了中国职业高尔夫运动的正式历程。越来越多的国际高尔夫赛事在中国举办，同时，中国的高尔夫选手也积极参与到其他高尔夫国际赛事当中。1997 年，程军夺得沃尔沃中国公开赛冠军，成为第一个在国际赛事上夺冠的中国选手。1999 年，中国职业联盟杯巡回赛产生，第一年共举行了六站。2001 年，中国高尔夫业余巡回赛第一站在广东中山长江高尔夫球会举行，并发展成为全国规模最大、最具影响的业余赛事，培养了很多优秀的高尔夫运动员。2002 年，TCL 高尔夫精英赛诞生，这是第一个由中国企业冠名赞助的职业高尔夫球赛，2005 年升级为欧巡赛。2004 年，高尔夫欧洲巡回赛首次登陆中国，5 月的宝马亚洲公开赛和 11 月的沃尔沃公开赛都被纳入欧巡赛系统。同年 8 月，中国高尔夫球巡回赛正式启动。同年 11 月，第一届汇丰冠军赛在上海佘山高尔夫球会举办，同时也是当年亚洲地区奖金最高的赛事，到了2009年,该赛事升级为世界锦标赛。2008年,中国首次受邀参加在南非举行的女子世界杯。2009年,别克高尔夫联赛成立,这是中国第一个以高尔夫俱乐部为参与主体的比赛。同年,亚洲高尔夫比赛也第一次在中国举办。2010年10月,欧洲女子职业高尔夫球巡回赛第一次在中国举办。同年12月,首届中国-亚太职业高尔夫对抗赛在深圳举行。2012年,22岁的冯珊珊以两杆优势赢得年度第二项大满贯赛女子职业高尔夫锦标赛(简称LPGA锦标赛)冠军,成为女子职业高尔夫球史上第一位夺得四大满贯赛的中国内地球手。我国内地球手吴阿顺以总成绩198杆的成绩夺得日本男子高尔夫球巡回赛东信高尔夫球赛冠军,成为首位夺得日巡赛冠军的中国内地男球手。

目前国内的高尔夫赛事主要包括沃尔沃中国公开赛、汇丰冠军赛、欧米茄高尔夫世界杯、宝马大师赛等欧巡赛、美巡赛、亚巡赛、韩巡赛、中巡赛、欧洲女子巡回赛、LPGA巡回赛等职业高尔夫赛事,以及一些业余高尔夫比赛,如全国业余高尔夫球比赛、中信银行高尔夫球巡回赛等。另外,全国各个省、区、市体育部门和地方高尔夫协会、高尔夫俱乐部等,也常常会举办一些高尔夫赛事。

这些年来,随着我国改革开放的不断推进,以及我国综合国力的不断提升,中国开始举办更多的高尔夫赛事,赛事数量和赛事奖金都在不断提高,吸引了更多的高尔夫运动员来到中国参赛,同时,中国也出现了一些比较优秀的高尔夫运动员,在一定程度上也推动了我国高尔夫赛事的发展。但是,由于经济发展上的不平衡,中国的高尔夫运动主要集中在北京、广东、江苏等发达地区,高尔夫赛事也主要是在这些地区举办,在中西部举办的高尔夫赛事非常少,制约了中国高尔夫赛事的均衡发展。

4. 中国高尔夫赛事的未来发展趋势

(1)高尔夫赛事数量不断上升

随着高尔夫运动在我国的不断发展,中国的高尔夫赛事数量会不断增加,其中男子和女子职业高尔夫赛事的数量会略微增加，但是增加的幅度不会很大；高尔夫青年赛事也会不断增加，增加幅度会非常大，同时，业余高尔夫赛事的数量也会不断增加，这样才能不断促进我国高尔夫赛事的不断发展。

（2）高尔夫赛事的传播力度会不断加强

随着中国高尔夫赛事的不断发展，越来越多的电视媒体和网络新媒体开始关注高尔夫赛事，电视开始更多地转播高尔夫赛事，各大网络新媒体也开始关注和报道高尔夫赛事，高尔夫赛事的快速发展，离不开其传播力的不断提高。

（3）不断加大对高尔夫球员的培养力度

随着高尔夫运动进入奥运会，中国对高尔夫运动员的关注度也在不断提升，为了更好地培养出优秀的高尔夫运动员，通过举办一些高质量的高尔夫赛事，让更多的中国高尔夫运动员参与其中，才能不断提高其运动水平，从而促进我国高尔夫运动的全面发展，不断提高高尔夫赛事的质量。

（4）推进中国高尔夫市场体系的建立

高尔夫赛事在中国的全面发展，会不断加快中国高尔夫市场体系的建立，高尔夫赛事的举办可以带动餐饮业、酒店业、高端旅游业、高尔夫用品制造业等方面的发展，同时也能够带动就业，通过赛事的举办，可以完善我国高尔夫竞赛体系、商业开发及赞助体系以及电视转播市场的发展，从而进一步促进我国高尔夫赛事的高质量快速发展，提高我国高尔夫运动的发展水平。

第二节 高尔夫赛事的概念、分类与特征

一、高尔夫运动概述

（一）高尔夫运动的概念

在长期的历史发展过程中，高尔夫受西方传统文化、现代多元化文化、社会经济发展等的影响，具有丰富的运动与文化内涵，

至今没有一个标准、统一的定义。目前，有文献参考的关于高尔夫的定义的解释主要有以下三种。

英国《朗文字典》中对高尔夫运动的解释为："高尔夫是一项户外运动，起源于苏格兰，由 2 人或 4 人为一组进行比赛，用一套球杆将一个白色的、有弹性的小球打入场中 9 或 18 个球洞中，球洞与球洞之间从 200～500 码距离不等，球场中分布着天然或人造的障碍如：树、沙坑、障碍区等。把球打入每一个洞时，击球的次数尽可能越少越好。"

《辞海》中对高尔夫运动的解释为：高尔夫运动是一种球类游戏。我国《中国大百科全书》(体育卷)中对高尔夫运动的解释为：以棒击球入穴的球类运动。

上述对高尔夫运动的文字解释虽然表述方式不一样，但都有一个共同点，即高尔夫是一项体育运动。高尔夫运动是现代体育运动的重要组成部分，2016 年巴西里约热内卢举办的第 31 届夏季奥运会上，高尔夫成为正式比赛项目，这充分说明高尔夫体育运动的本质。作为一项体育运动，高尔夫运动在其发展进程中对社会经济和文化的影响广泛，因此人们从不同的角度对高尔夫进行了解释。主要包括以下几个方面的内容。

(1)从社会经济发展的角度来看，高尔夫运动是一种全新的体育产业的市场组织形态，是新时期最具活力和高附加值的休闲体育产业，是重要的经济增长点。

(2)从社会多元化发展的角度来看，高尔夫运动具有丰富的西方传统文化底蕴、现代多元文化发展的社会诉求，对不断提升人们对当代都市与时尚文化、休闲与健康文化、竞技与娱乐文化、生态文化与社会交往文化意义重大。

(3)从个体未来生活方式和健康诉求的角度来看，高尔夫运动是人与自然最完美结合的户外体育运动之一，高尔夫运动能有效调节现代人的高节奏、高强度、高效率的生活，促进其身心健康发展。

(4)从未来城市规划与建设发展的角度来看，高尔夫运动是社会发展的重要文化现象之一,高尔夫运动需要广阔的运动场地,能在一定程度上提高一个城市建设与发展的文化品位和改善城市投资环境,客观上促进人与自然的和谐、促进城市的绿化、促进城市的可持续发展。

(5)从当代旅游和酒店服务行业的角度来看,高尔夫运动是一项特殊的、个性化的旅游方式,能为旅游行业和酒店行业开发新的消费资源,促进旅游和酒店服务业的发展,为经济发展提供新的增长点。

(6)从房地产开发与建设的角度来看,高尔夫运动场地的需求较其他运动项目来说比较独特,要求生态环境与人文环境的自然、巧妙融合,要求城市房地产开发与建设的和谐理念设计,同时为房地产开发与建设提供高附加值的利润增长点。

综上所述,我们可以从广义和狭义两个方面对高尔夫运动进行分析和认识。广义的高尔夫运动同时受西方传统文化和现代文化的影响,具有复杂的文化内涵。一方面,受传统文化的影响,现代高尔夫运动依然保留着欧洲中世纪的绅士文化,注重着装礼仪与交往礼仪,提倡诚信、自律、礼貌、尊重他人、保护环境等;另一方面,受现代社会文化的影响,高尔夫运动融经济、文化、科技发展于一体,能反映出人们对现代文明、健康、时尚等生活方式和消费价值的取向,体现了当代社会经济文化一体化的发展趋势及特征。因此,高尔夫运动是一种文化向心力强、经济附加值高、市场形态包容性广的社会文化现象。①

狭义的高尔夫运动是指高尔夫运动是现代竞技体育的重要组成部分。它有具体的运动器具(球杆和球)、运动场地(人工建造的并保留自然环境形态的球场)、运动规则(用球杆逐一击打球,并将球打入规定的洞中)。高尔夫球场一般设置 18 个球洞,运动者应在规则规定的范围内,将球击打入洞,击球杆数少者获胜。因此,高尔夫运动是一项体现运动者竞技能力和训练水平的

---

① 吴亚初.高尔夫概论[M].北京:人民体育出版社,2011.

户外运动。

(二)高尔夫运动的特征

1.较强的健身性

高尔夫运动有着很强的健身特性。在高尔夫运动中,通过逐次进行击球来展现运动员的运动技能,在运动过程中,运动员不仅需要高尔夫运动特殊的击球技能,使身体的肌肉得到充分伸展,还能在各个球洞往来之间进行走跑运动。与其他运动项目相比,高尔夫运动的健身价值更显突出。大量的实践证明,长期从事高尔夫运动,能有效提高人体的神经系统功能、心肺功能和心理水平,还对肌体的协调性与柔韧性具有良好的锻炼价值。

2.较强的可参与性

与其他竞技体育运动不同,高尔夫的竞技节奏比较平稳,不会出现紧张、激烈甚至是残酷的比赛场面和比赛结果。高尔夫运动的表现形式比较休闲、平和。在球场上,运动者可以充分地享受温暖的阳光、新鲜的空气,还可以与同伴进行交流,休闲自得。因此,无论是高尔夫运动的运动方式,或是高尔夫运动的运动过程,还是高尔夫运动的运动强度,对运动者的年龄、性别、身体素质、机体的运动能力等都没有特殊的限制和约束。因此,高尔夫运动具有较强的参与性。

3.休闲娱乐性

高尔夫运动集竞技性与娱乐性为一体,具有竞技与娱乐的双重性。现代社会节奏快,人们越来越重视生活质量,因此,当今时代是以休闲经济为社会发展核心的。高尔夫运动正是休闲体育运动的首选运动项目。职业高尔夫运动的兴起具有广泛的社会影响力,运动员们精湛的球技吸引了众多高尔夫运动爱好者积极参与其中,这也为高尔夫运动走向大众健身与大众娱乐奠定了基础，使其很快成为人们休闲娱乐的重要手段与生活方式。因此，高尔夫运动不仅是现代竞技体育运动的组成部分，也是当下休闲体育运动的重要项目。

4. 人与自然的和谐性

高尔夫运动的和谐性特点是指人与自然的和谐性。目前，有很多体育运动项目都是在大自然的环境中进行的。如登山、滑雪、攀岩、冲浪、马拉松、野外生存、越野自行车等。这些项目都是运动者在通过各种不同的方式挑战大自然、超越生命极限。高尔夫运动主要是在自然形态与人工设计浑然一体的环境中进行的，这样的环境中，运动者可以在运动过程中体验人与自然和谐共处，充分享受人与自然的完美结合之美。因此，其具有人与自然的和谐性。

5. 较强的规范和礼仪

高尔夫运动的自律性特点主要体现在礼貌与礼仪两个方面。众所周知，高尔夫运动是一项尊重传统、讲究诚信、恪守礼仪的运动。人们称高尔夫运动为"绅士运动"。在全世界所有的体育运动中，高尔夫运动首次将礼仪纳入运动规则，这是一种前所未有的尝试。《高尔夫规则》中的第一章介绍的就是高尔夫运动礼仪，如规则中的"为其他球员着想""球场优先权"以及"对球场草坪保护"等。在高尔夫运动中，人们无论着装以及球场上的交往，都恪守礼仪，一言一行温文尔雅，在高尔夫运动诚信意识的约束下，球员对自己成绩的确认和评判大都表现出良好的自律品质。高尔夫运动的礼仪体现了深层的文化内涵和广泛的社会意义，是高尔夫运动的精神核心和实质，是高尔夫运动健康、文明、高雅的运动特征。

6. 较强的产业性

社会经济文化一体化的发展不仅扩大了经济对文化的影响、

也加速了文化对经济的渗透。高尔夫运动具有丰富的西方传统文化发展内涵，在现代社会、科技、经济、文化一体化发展的强烈冲击下，高尔夫运动的社会属性和功能得到了扩容和升华，伴随经济的发展和产业结构的调整，高尔夫运动在健康、竞技、娱乐、休闲的基础上，更是以其特殊的文化表现形式发展成为一种新兴的并具有高附加值的产业。高尔夫产业是体育产业中的一个重要产业，美国作为世界上高尔夫运动最成熟的国家，每年的高尔夫产业能达到数千亿美元，因此高尔夫运动具有较强的产业性。

(三)高尔夫运动的价值

1.提高身体素质

在高尔夫运动中，走、挥杆等动作是高尔夫运动的基本技能，这些都可以均衡地发展人的身体素质。此外，高尔夫运动还能够使人体感受器官的功能增强，提高分配和集中注意力的能力及时间、空间的感觉能力和定向能力，提高中枢神经的灵活性，以及支配、协调各器官的能力。长期坚持参与高尔夫运动，可以开阔人的视野，增强各感受器官的功能，提高分配与集中的能力，使动作更加精细化，还可以提高人的空间、时间和定向能力。

2.促进心理健康

运动员除了具备必要的技术外，还要具有坚强的意志品质。经常参加高尔夫运动可以培养人们坚韧不拔、勇敢顽强、吃苦耐劳的意志品质，同能也能培养人们独立的工作能力，培养坚定的目的性、自制力、克服人体的生理惰性。

除此之外，高尔夫运动能够使人的个性得到张扬，从而使人的个性得到更为自由的发展。高尔夫运动为人的个性发展和个性的张扬提供了更为广阔的演练空间，人们可以选择表现自己的个性，如塑造拼搏进取的人格精神、品尝胜利欲望的满足、追求内心的自我超越，或表现健康向上的生命力。高尔夫运动既是使人的个性得到张扬的过程，也是塑造人格精神的文化熏陶过程。

3. 促进人的社会化

在高尔夫运动中，个体的行为受到了一定的规则约束，即个体的行为需要在规则允许的范围内，所以要养成自觉遵守规则的行为习惯。每一个个体都要具有强烈的责任感和敬业精神，要表现出全力以赴的精神风范，获得社会规范的认同。高尔夫运动还是一项非常绅士的礼仪运动，通过让青少年积极参加高尔夫运动，可以不断促进其社会化，成为一个懂礼貌和规范的人。

4. 促进社会和谐

随着我国中产阶级人群的不断提高，参与高尔夫运动的人也越来越多，它能够积极地促进人们的身心健康，提高人们的劳动、工作和学习效率，同时也能丰富和活跃人们的业余文化生活，起到振奋民族精神，推动社会发展与进步，促进社会主义精神文明建设的作用，从而促进我国社会的和谐。

二、体育赛事概述

(一)体育赛事的概念

体育赛事，是指对以体育比赛为核心的一系列活动的总称。传统意义上的体育比赛侧重于赛场上的竞技较量过程，而体育赛事是一项复杂的社会活动，它不仅包括体育比赛的筹备、组织、实施等各项活动，还涉及门票促销、运动员包装、媒体推广、赞助与广告策划、标志品开发等各种经济活动。①

在人类文明不断发展的过程中，体育比赛也随之不断发展，它逐渐演变为人们主动安排的按一定规则从事的竞技较量活动。

① 肖林鹏，叶庆晖. 体育赛事项目管理[M]. 北京：北京体育大学出版社，2005.

现代意义上的体育比赛是指在裁判员的主持下，运动员依据统一规则而实施的竞技较量活动。任何一项体育比赛，无论是规模盛大的世界比赛，还是在二、三人之间进行的趣味性角逐，都是由参赛活动人群、场地物质条件以及比赛组织管理等三个基本系统所组成。体育比赛的基本属性，如观赏性、刺激性和娱乐性等，使比赛不仅具有基本的竞技价值之外，还有着极大的商业价值。

(二)体育赛事的分类

1.按照运动成绩评定方法进行分类

(1)测量类体育赛事

测量类的赛事项目的运动员，在比赛中所表现出来的竞技水平的高低可以客观准确地予以测量。测量指标包括速度指标(时间)、距离指标(远度与高度)、重量指标与环数指标。其中，电子测时系统的研制与应用大大地提高了竞速项目成绩判定的准确性。

(2)评分类体育赛事

由裁判员根据比赛规则确定的标准和方法对运动员在比赛中的成绩给予评分，按分数的高低排列其名次。在水上、陆上、冰上、雪上、床上(如蹦床)多种场地进行比赛的技能类项目都属于此类。武术中的套路比赛亦属评分类。

(3)命中类体育赛事

命中类比赛中，计算命中对方防守的特定目标区域的次数，命中数多者获胜。篮球的球筐，足球、手球、冰球、水球、曲棍球的球门，以及击剑、拳击选手身上的有效得分区都属计分的目标区域。大多数项目比赛中，命中1次得1分，在篮球比赛中，为了区别不同位置及不同条件下投篮命中难度的不同，每次投中分别可得1～3分。

(4)制胜类体育赛事

制胜类项目的比赛方法比较特殊。在一般情况下，与命中类项目一样，比赛中命中对手设防的特定区域即可得分，最后按得分多少决定胜负。但若在拳击比赛过程中出现将对手打倒在地定时不起或柔道中的一本胜利等情况时，则可判为绝对胜利，也就不再去计算比较双方命中得分的情况了。

(5)得分类体育赛事

隔网比赛的乒乓球、羽毛球、网球及排球均属于得分类赛事项目。依比赛中得分的多少判定比赛的胜负。比赛中的得分手段既包括运动员主动进攻，将球击落命中于对方设防的特定区域，也包括对方自己失误的送分。

2. 按照参赛对象进行分类

(1)依比赛参加者的年龄。可分为儿童比赛、少年比赛、青年比赛、成年比赛和老年比赛等。

(2)依参赛者的行业。可分为职工运动会、农民运动会、军人运动会、学生运动会等。

(3)依参加者身体健康状况。可分为正常人比赛、残疾人比赛和智障人比赛。

(4)依赛事的制度化程度。可分为非正式的赛事、半正式的赛事、正式的赛事、职业赛事四种。

3. 按照比赛规模进行分类

(1)超大型综合赛事

超大型综合赛事是指那些周期性明显，并影响举办城市和举办地区的整体经济，在全球范围内都具有巨大影响力的体育赛事，如全运会、亚运会、奥运会等。此类赛事的特点具体表现为：赛事的规模大、水平高，参与和出席的人数众多，媒体覆盖面广，公共财经参与度高，市场目标广大，对举办城市和地区能产生明显的经济效益和社会效益。

(2)大型综合赛事

大型综合赛事是指那些周期性明显，并在举办城市和举办地区产生较大影响，能产生较好经济效益的体育赛事，如城市运动会、农民运动会、少数民族运动会、大学生运动会等。此类赛事的特点具体表现为：赛事的规模比较大、水平比较高，重视程度高。组织工作复杂，媒体关注度高，市场吸引力大，能产生较大的经济效益和社会效益。

(3)单项顶级赛事

单项顶级赛事是指那些周期性明显的世界单项锦标赛，如世界杯足球赛、世界杯篮球赛、世界游泳锦标赛等。此类赛事的特点具体表现为：赛事的名目多、水平最高、规模比较大，媒体关注度高，市场吸引力大，重视程度高，能产生一定的经济效益和社会效益。

(4)单项品牌赛事

单项品牌赛事是指那些周期性明显的职业联赛，如 NBA、F1、意甲联赛、英超联赛、澳网公开赛、国际马拉松赛等。此类赛事的特点具体表现为：赛事的运作周期长，运作模式相对固定，水平最高、规模一般，媒体关注度高，市场吸引力大，能给主办地、举办地带来一定的社会影响力。

(5)单项商业赛事

单项商业赛事是指由企业和中介公司组织举办、政府部门协调、媒体产业参与、提供赛事产品和相关服务产品的体育赛事，如 NBA 中国季前赛、“龙马之战”、邀请赛、对抗赛、擂台赛等。此类赛事的特点具体表现为：明星效应突出，商业运作明显，规模、时间、地点等随意性强，它以提高举办组织或企业的社会形象为出发点，以追求经济效益为目的，能满足不同参与者的需求。

(三)体育赛事的特征

1. 目标的竞争性

可以说，人类的竞赛首先开始于最原始的身体素质竞争，而后发展到身体素质和运动技术技能的竞技，继而发展到人体科学、身体素质以及动作技术技能的竞技。这一发展过程可能会伴随着人体的发展过程而呈现出周而复始的螺旋式发展规律,只不过在体育竞赛未来的发展中会使人类在竞争中使自己的机能、体质以及适应能力等方面获得更好的发展。在竞争中的优胜劣汰现象代表了自然和社会发展的客观规律。

对于运动员来说,参加体育竞技比赛目的都是取得最终的胜利。体育竞赛具有强烈的排他性,其竞争的结果是只产生一个优胜者。这就要求参赛者各方面要经过严格的训练,不断提高自身的体能、战术意识、心理水平、团队精神,以及把握机遇的能力。体育竞赛所强调的公平竞争与奥林匹克精神所倡导的"重要的不是获胜,而是参与"二者之间是不矛盾的,该精神提倡的是参与竞赛的态度与前提,而不是追求竞赛的结果。如果仅仅只是具有参与竞赛的激情,而缺乏基本的拼搏进取意识,那么体育竞赛就毫无意义了。

2. 功能的多元性

任何体育比赛都要决出胜利者,因此有成功就有失败,然而成功者只是极少数,但参加比赛的运动员都会拼尽全力去争取胜利,将其作为参加比赛的最高目标。又因为体育竞赛所具有的对竞技体育特殊的作用和社会功能,使参赛的动机具有一定的多重性和复杂性的特性。这种特性具体体现在以下几个方面。

(1)体育赛事的举办能加强国与国、人与人之间的沟通与交流,能有效加强彼此间的了解,缓解彼此间的矛盾。

(2)体育赛事的举办有利于国家展示本国的综合实力,增强自身在世界范围内的影响力。

(3)体育赛事有助于国家或地区争得荣誉,有助于证实自我价值等。

3. 较强的公平性

公平性是体育赛事的基本要求与特征,在体育赛事举办过程中，参加比赛的运动员必须遵守大赛的规则和秩序，在此基础上充分发挥自身的实力，进而去获得比赛的胜利。如在举重运动中，依据体重可以分为不同级别的比赛，这就体现了公平的原则。而在某些比赛中，根据运动员的年龄分组也体现了公平性竞争的原则。在田径比赛中，具有具体而严格的规则要求，例如对比赛方式和场地器材等都具有相应的规则要求，从而保证了所有参赛运动员都能够在同等条件下公平地进行比赛，充分体现了竞赛场上人人平等的准则。

一般来说，公平是相对而言的，没有绝对的公平。因此，所有的运动项目的竞赛规则是逐步改进与完善的。例如，在篮球、排球等运动项目中，这些项目的运动员身高呈现出高大化的趋势，而亚洲篮联曾经向国际篮联建议，篮球比赛应根据运动员的身高来设置不同级别的比赛，但这一建议遭到一些篮球强国的反对，其原因是他们不想失去自己原本的身高优势，在这样的形势下，身体较矮小的运动员便很难参加高水平的篮球赛事。再如，田径比赛中投掷项目运动员也是不分体重级别的，这种情况使得体重较重者占据优势。综上所述，只有结合具体的实际发展情况，对比赛规则做进一步的修改和完善，才能体现比赛的公平公正性，才有利于体育赛事的发展。

在体育赛事活动中，公正地进行体育竞赛的首要保证则是裁判员的公正执法。为使体育竞赛在公平的条件下顺利进行，裁判员必须做到严肃认真、公正严明、准确快速、团结协作。

4. 规则的制约性

竞赛规则是体育赛事的重要元素，参加体育比赛的双方必须要共同遵守竞赛规则才能进行比赛。在体育赛事举办过程中，体育赛事组织者必须要建立一个相应有效的赛事运行机制。这一运行机制对体育赛事的所有人员都提出了较高的要求，赛事所有参与人员必须要严格按照比赛的既定规则进行活动。由此可见，赛事的规则对比赛的进行起着重要的制约作用。可以说，体育竞赛若是离开了竞赛规则的规范和制约，将会影响到体育竞赛活动的正常发展，甚至导致体育竞赛规则向不健康、违反体育道德精神的方向发展。竞赛规则具有重要的制约性，这主要表现在以下几个方面。

（1）为预防和避免体育竞赛过程中伤害事故的发生，在保证参赛运动员公平竞赛的前提下，竞赛规则又制定了许多为保证体育赛事正常进行的相关条款。在场地器材、硬件设施，以及竞赛双方的运动方式和行为等方面，都制定了详尽的规则和条款。这些规则条款对制约竞赛双方伤害性动作，规范其运动行为均起到了十分重要的约束作用。

（2）为保证比赛的公平公正，体育竞赛规则还在禁止使用兴奋剂方面做了明确、详细的条款规定，并规定了检查兴奋剂的方式和方法，从而制约和规范了某些运动员因滥用药物而对身体造成伤害的现象，这不仅能纠正不良的风气和社会现象，也能保证体育赛事的健康发展。

（3）各竞赛项目的比赛规则对竞赛项目起到了良好的调控作用。例如，在足球比赛中，有时会出现球是否越过球门线的误判，于是引进了底线裁判和球门线技术，通过这一规则的修改，就会使足球比赛越来越公平，有利于保证足球比赛的公平性、竞技性与观赏性。

（4）为保证体育赛事的精彩性与观赏性，结合体育赛事的特点，竞赛规则也要做出更为具体和精确的规定。例如，在有身体接触的运动中（篮球、足球等竞赛项目），竞赛规则还规定了身体接触的定义、正常的身体接触（合理冲撞）和侵人犯规的定义，判罚身体接触（侵人犯规）原则和方法的详细条款，从而对有身体接触竞赛项目的正常进行起到了良好的保证作用。

5. 竞争的激烈性

在体育比赛中，运动员取得的运动成绩都是在不断竞争中产生的。随着竞技体育的不断发展，运动员之间的竞争越来越激烈。主要体现在以下几个方面。

(1)在现代竞技体育高度发展的背景下,情报收集工作显得越来越重要,各运动队提高运动成绩的手段与方法往往很快就会被公之于众,先进的训练方法得到推广,致使运动队之间、运动员之间的对抗和竞争愈发激烈。

(2)现代科学训练水平有了很大程度的提高,过去被视为人类运动极限的成绩,在高水平训练的辅佐下被相继打破,竞争越来越激烈。

(3)体育赛事能带来可观的经济效益,因此诸多国家纷纷制定相应的比赛战略来获取比赛的胜利。

(4)在体育比赛中获得胜利,运动员和教练员就有可能获得丰厚的物质奖励和殊荣,有时甚至一场比赛的胜负就可决定运动员、教练员的一生。

(5)在现代媒体快速发展的今天,媒体的宣传和操作,使得体育竞赛的激烈程度不断增强。这也是导致现代体育比赛竞争愈发激烈的重要原因之一。

6.比赛结果的不确定性

在竞技比赛中,比赛结果的不确定性是竞技体育的最大魅力,例如,在足球比赛中常常会出现以弱胜强的情况,吸引了很多球迷关注足球比赛。

7.赛事信息的扩散性

随着竞技体育的不断发展,人们也越来越喜欢观赏高水平的体育竞技比赛,同时这也成为人们业余文化生活的重要组成部分。因此说体育赛事具有信息扩散性的特征。这主要体现在以下几个方面。

(1)人们密切关注着体育赛事的结果。

(2)现代化的体育信息传播手段方便快捷、精准、高效。

(3)体育社会化与商品化的需要,为公司和企业投资竞赛活动提供了条件。

(4)体育赛事职业化的发展,促使各类体育俱乐部联赛、大奖赛、系列赛的相继出现,为体育赛事信息的扩散增添了商业价值。

三、高尔夫赛事概念探讨

高尔夫赛事是一种提供高尔夫比赛和相关服务产品的活动。高尔夫赛事的核心是高尔夫比赛,我们可以通过对高尔夫赛事的构成要素来更好地理解高尔夫赛事的概念,其构成要素主要包括以下几个方面。

(一)人力要素

人力要素是高尔夫赛事中最为基本的要素。高尔夫赛事的成功举办,需要人的参与。因此,人力是保证体育赛事顺利进行的必要条件。一般来说,高尔夫赛事的人力要素主要包括主办单位、承办、赞助商和经费提供者、供应商、媒体、工作团队、竞赛直接参与者与观众等。

1. 主办单位

一般而言,高尔夫赛事的主办单位是各个国家的高尔夫组织协会,如美国高尔夫球协会、中国高尔夫球协会、北京高尔夫球协会等,主办单位负责高尔夫赛事的领导工作。

2. 承办单位

这里所说的承办单位,除了具体的高尔夫赛事承办单位以外,还包括高尔夫赛事承办地。高尔夫赛事的举办能在很大程度上对承办地的社会经济、文化、自然环境等产生重要的影响,而承办地丰富的资源也能为高尔夫赛事的举办提供各方面必要的支持。

3. 赞助商

高尔夫赛事的成功举办离不开赞助商的支持，赞助也是高尔夫赛事市场营销的重要组成部分。高尔夫赛事的赞助商往往都是世界上的一些顶级赞助商，为高尔夫赛事的顺利开展提供了非常好的经费支持和发展资源。

4. 竞赛参与者

高尔夫赛事的直接参与者包括运动员、教练员、裁判员、志愿者等，观众也是重要的组成部分，这些要素共同决定着高尔夫赛事的成败。其中，运动员是高尔夫赛事的主体，没有运动员就无所谓高尔夫赛事，裁判员和志愿者是保障高尔夫赛事顺利进行的重要组成部分。

(二)物力要素

在高尔夫赛事管理中，物力要素主要包括比赛场地、交通设施、医疗设备等方面。通常情况下，不同规模的高尔夫赛事所要求的物力要素也不同，这就需要高尔夫赛事组织与管理部门及时地沟通与协调，加强物力要素的管理，否则对高尔夫赛事的顺利举行是非常不利的。

还有一种不能忽视的要素就是现代传媒设备。随着信息技术的不断发展，催生了众多的媒体产品。因此媒体的发展也呈现出全球化发展的趋势，各式各样的现代媒体手段为高尔夫赛事的发展带来了新的契机，对于大部分高尔夫赛事来说，现场观看比赛的观众要远远少于电视观众和网络观众。通过电视直播可吸引大量的观众，电视广告可大大提高企业赞助的回报率，新媒体的发展也为高尔夫赛事的传播提供了发展途径，促进了高尔夫赛事的不断发展和完善。

(三)财力要素

财力要素也是高尔夫赛事的重要构成部分，高尔夫赛事如果没有财力的支持是很难顺利举办的。随着市场经济的不断推行和发展，高尔夫赛事的商业化程度越来越高，在这样的背景下就需要充足的资金支持，只有良好的经济条件才能保证高尔夫赛事的顺利举办。通常情况下，高尔夫赛事的财力要素主要由赞助性资金和承办单位资助。

四、高尔夫赛事的分类

（一）根据比赛方法分类

根据高尔夫的比赛方法，可以把高尔夫赛事分为高尔夫比洞赛和高尔夫比杆赛。

1. 高尔夫比洞赛

高尔夫比洞赛是高尔夫运动历史中最古老的比赛方法，也是经常使用的比赛方法。目前，高尔夫比洞赛主要包括个人比洞赛、四人二球比洞赛、四人四球比洞赛、三人两球比洞赛、三人三球比洞赛等。

2. 高尔夫比杆赛

随着越来越多的高尔夫球员参赛，高尔夫比洞赛已经无法同时满足大量的球员参赛，而且高尔夫比洞赛也不能客观、准确地计算出每个球员的比赛成绩。因此，为了满足大量的球员参赛并能够客观、准确地计算每一个球员的成绩，就出现了以球员完成18个高尔夫球洞的总杆数为成绩的比赛方法。随着高尔夫球的不断发展，这种比杆赛逐渐成为最常见的高尔夫比赛形式，主要包括个人比杆赛、四人比杆赛、四人四球最佳球位比杆赛、四人两球比杆赛、定分式比杆赛等。

（二）根据组织形式分类

根据高尔夫赛事的组织形式，可以将高尔夫赛事分为以下几类。

1.高尔夫公开赛

高尔夫公开赛，主要是指对于参加比赛球员的资格比较开放，在高尔夫的规则下进行比赛的组织形式。高尔夫公开赛的最大特点是对于参赛球员没有任何限制，但是如果业余球员参加比赛就必须符合赛事组织者的报名条件，而且业余球员不能获取任何比赛奖金。世界上比较著名的高尔夫公开赛有英国高尔夫公开赛、美国高尔夫公开赛、沃尔沃中国高尔夫公开赛、新加坡高尔夫公开赛、香港高尔夫公开赛等。

2.高尔夫巡回赛

高尔夫巡回赛，主要是指高尔夫竞赛组织者根据事先确定的竞赛时间与顺序，在不同的高尔夫球场，按照规定的比赛方法进行分站比赛的组织形式。高尔夫职业巡回赛是世界范围内最基本的高尔夫赛事活动。职业高尔夫球员可以通过参与高尔夫巡回赛，争取奖金并获得相应的积分。全世界有很多男子、女子职业高尔夫巡回赛，每个巡回赛都有自己地理上比较固定的比赛区域，比如美国巡回赛基本上是在美国举行，欧洲巡回赛基本上在欧洲举行，而亚洲巡回赛则基本在亚洲地区举行。但是，一些巡回赛经常在自己区域以外的地方举办赛事，如美国巡回赛和欧洲巡回赛都在亚洲地区有自己的高尔夫赛事。

3.高尔夫邀请赛

高尔夫邀请赛，主要是指高尔夫赛事组织者选择一些高尔夫球员参加比赛的组织形式。有的是以企业或产品冠名的高尔夫邀请赛，如中国联通“精彩在沃”杯高尔夫邀请赛、三星高尔夫邀请赛、“梅赛德斯”高尔夫邀请赛等；有的是以培养青少年为目的的高尔夫邀请赛，如“两岸”青少年高尔夫球邀请赛、张连伟杯国际青少年高尔夫球邀请赛、中韩青少年邀请赛等。

4. 高尔夫锦标赛

高尔夫锦标赛，是指按照高尔夫赛事组织者所指定的竞赛方法，为在一次高尔夫比赛中获胜的个人或团体授予比赛奖品的竞赛组织形式。根据比赛的性质，可以把高尔夫锦标赛分为职业与业余两种基本锦标赛形式。一般来讲，职业高尔夫锦标赛具有比较高的水平，社会对其关注度高，影响力大。比如美国名人赛、汇丰冠军赛、世界高尔夫锦标赛、阿布扎比锦标赛等。业余高尔夫锦标赛是由非职业球员参加的高尔夫赛事活动。也有一些高尔夫赛事组织者在竞赛规程上有些特殊的规定，允许职业球员参加职业业余配对赛。比较著名的业余高尔夫锦标赛有亚太业余锦标赛、亚洲业余高尔夫锦标赛、美国业余高尔夫锦标赛等。

(三)根据赛事级别分类

1. 国际性高尔夫比赛

国际性高尔夫赛事一般是指那些具有较大影响力的高尔夫比赛，这些比赛往往历史悠久，如美国高尔夫名人赛、英国高尔夫公开赛、高尔夫世界杯赛等。

2. 国家性高尔夫比赛

国家性高尔夫比赛是指由国家级高尔夫球协会组织举办的赛事，通常是在本国内举行的，如中国高尔夫俱乐部联盟赛、新加坡公开赛等。

3. 地区性高尔夫比赛

地区性高尔夫比赛是指由某区域性高尔夫协会组织举办的高尔夫赛事，如上海高尔夫精英赛、湖南“三湖杯”邀请赛、北京高尔夫邀请赛等。

(四)根据竞技形式分类

1.个人高尔夫赛

个人高尔夫赛,主要分为男子和女子个人赛两种形式。如美国男子职业高尔夫锦标赛、日本女子高尔夫职业巡回赛、观澜湖世界高尔夫明星个人赛等。

2.团体高尔夫赛

团体高尔夫赛,更突显一个集体拼搏的精神,主要包括莱德杯、世界杯、总统杯、索尔汉杯等。

五、高尔夫赛事的特征

高尔夫赛事主要有以下几个特征。

(一)竞技性

竞技性,是高尔夫赛事的基本特征,正是因为高尔夫赛事的竞技性,才吸引了很多运动员的参与,高尔夫赛事也主要是围绕着竞技性展开其他活动的运营和管理。

(二)文化性

在高尔夫运动长期的发展中,逐渐形成了高尔夫赛事自己独特的文化。一项历史悠久的高尔夫赛事,可以形成自己特有的赛事文化。例如,美国高尔夫名人赛要给最终的获胜者穿绿夹克,英国公开赛是给冠军颁发一个银质的“葡萄酒壶”。

(三)产品性

高尔夫赛事包括服务产品、有形产品和无形产品。服务产品包括食宿服务、交通服务、旅游服务、广告服务以及信息服务等。高尔夫赛事的有形产品,是指依托高尔夫赛事开发出来的实物产品。高尔夫赛事的无形产品,是指围绕高尔夫赛事的无形资源开发出来的非实物产品，如高尔夫赛事的电视转播权、冠名权等。

第三节 国内外主要高尔夫赛事

一、世界主要高尔夫赛事

（一）高尔夫四大满贯赛事

1. 美国名人赛

美国名人赛是世界男子职业高尔夫四大赛之一的大师赛。美国名人赛在每年的 4 月份举行，并且是唯一固定在美国奥古斯塔国家高尔夫球场举行的大赛。第一届美国名人赛于 1934 年举办，是四大满贯赛事中总奖金和冠军奖金最高的赛事，是高尔夫传奇人物鲍比·琼斯创立的。

2. 美国公开赛

美国公开赛，是由美国高尔夫球协会主办的赛事，没有固定的比赛场地，而是会在美国境内的某个著名球场进行比赛，主要是为了避免运动员熟悉其中的一个球场而影响了竞赛的公平性，1895 年 10 月 4 日，举办了第一届美国公开赛，至今已有百余年历史。

3. 英国公开赛

英国公开赛，也是唯一一个在美国之外举行的高尔夫大满贯赛，由皇家古老高尔夫俱乐部主办，于每年 7 月的第三个周末举行。英国公开赛是世界高尔夫历史上最悠久的四大满贯赛事之一，是由英国高尔夫球协会于 1960 年开办的。

4. 美国职业高尔夫锦标赛

美国职业高尔夫锦标赛是在美国举行的每年一度的高尔夫

球顶级赛事，是美国职业高尔夫球协会主办的赛事，该项赛事一般都是在每年的8月中旬举行。美国职业高尔夫锦标赛与其他三场大满贯赛最大的不同点在于，它是四大满贯赛事中唯一的只允许职业高尔夫运动员参加的比赛。

(二)莱德杯

莱德杯，全名是莱德杯高尔夫球对抗赛，因为最初比赛的主赞助商是一个叫塞缪尔·莱德的英国种子商人，故以莱德命名。每两年举行一次，由美国队与欧洲队对赛。莱德杯在欧洲国家、美国备受瞩目，一直是观众人数最多的高尔夫赛事。莱德杯关乎欧洲与美国国家的荣誉，它考验的不仅仅是个人的技术，更是球队的战略智慧以及团队协作能力。每一位参加莱德杯的队员都将其视为自己的最高荣誉。

(三)总统杯

总统杯高尔夫比赛每两年举办一次，主要是由美国代表队和世界各国代表队(不包含欧洲选手)进行比赛。这项赛事的举办地主要是美国或欧洲以外的其他国家和地区。

(四)高尔夫世界杯

高尔夫世界杯是世界高尔夫历史上最悠久和最富声望的高尔夫团体赛事，是国际四大赛事中唯一代表国家和地区参赛的男子队际赛。高尔夫世界杯每年举办一届。

第一届高尔夫世界杯赛于1953年举行，1995年，高尔夫世界杯首次登陆中国观澜湖高尔夫球会。2007年，高尔夫世界杯迎来了一个崭新的时代，由欧米茄冠名赞助的这项赛事，在中国观澜湖高尔夫球会连续举办12届。高尔夫世界杯在中国的举办极大地促进了我国高尔夫运动的发展，同样也促进了其赛事的完善和发展。

二、中国主要高尔夫赛事

(一)沃尔沃中国高尔夫公开赛

沃尔沃中国高尔夫公开赛是国内历史最悠久的职业高尔夫赛事。创立于 1995 年,截止到 2017 年,已经连续举办了 23 年,加快了中国高尔夫职业赛事发展进程,为第一代中国职业高尔夫运动员创造了与国际职业高尔夫运动员同场竞技的机会,提高了他们的高尔夫水平和竞技能力。

(二)汇丰高尔夫冠军赛

汇丰高尔夫冠军赛于 2005 年在中国举办,它是世界高尔夫锦标赛之一,主要是在每年的 11 月份举办,由于四大巡回赛获胜者的参赛,使这一赛事云集了最优秀的高尔夫运动员,是中国举办的真正意义上的国际冠军锦标赛。

第二章　高尔夫的比洞赛和比杆赛

比洞赛与比杆赛是高尔夫比赛中两种最基本的形式。虽然高尔夫运动比赛方式多种多样，但万变不离其宗，不管何种比赛方式，都是这两种最基本形式的演化。本章主要就这两种最基本的高尔夫球比赛形式进行分析与研究，主要从概述、规则差异及组织方式三个方面展开，以使高尔夫运动员及爱好者全面了解这两种比赛方式，提高运动员比赛的兴趣与积极性。

第一节　比洞赛与比杆赛概述

一、比洞赛与比杆赛的概念

(一)比洞赛的概念

比洞赛指的是以选手在每一洞从开球到球进洞所用的杆数多少为衡量标准，判断每一洞的胜负（少者优胜），进而在规定轮次里以获胜洞数多者为优胜的一种高尔夫比赛方法。[①]

(二)比杆赛的概念

比杆赛指的是在一轮（18 洞）或数轮比赛结束后，依据球员实

① 姚远，李良忠. 高尔夫赛事组织与管理[M]. 北京：旅游教育出版社，2014.

际完成比赛所用的总杆数来评定成绩和排列名次的一种高尔夫比赛方法（少者优胜）。[①]

二、比洞赛与比杆赛的分类

（一）比洞赛的分类

1. 个人比洞赛

个人比洞赛也称“二人比洞赛”，指的是一人与另一人展开对抗的比赛方法，在比洞赛中这是最基本的比赛方法。

个人比洞赛一般采用的是淘汰制，也就是结束一轮比赛后，按照晋升或降级重新对胜者和负者进行编排分组，然后再开始下一轮比赛，直到决出最后的名次。

2. 四人二球比洞赛

四人二球比洞赛也可以称为“二人对抗二人比洞赛”，该形式一般来说是一种团体或队际对抗赛，比赛方法如下。

4 名球员，两两组成一方，每方各打 1 个球，同伴球员从发球区交替发球，当球在球洞区通道和球洞区上时，也是交替打球和推球，直到击球入洞。在结束一洞比赛后，该洞获胜方是击球杆数少的一方，如果双方击球杆数一样，则为平分，而如果其中一方获胜洞数比待打的洞多，则获得了本轮比赛的胜利。“莱德杯”是世界非常著名的高尔夫球赛事，在这一赛事中，第一天赛程采用的比赛方法就是四人二球比洞赛。

选手打球时，同队应轮流替换打球，直到击球进洞，同时也应轮流替换在发球台发球，也就是同队中，一个人开奇数洞之球，另一个人开偶数洞之球，在混合比赛中，女士从自己的球座上开球。

① 姚远，李良忠. 高尔夫赛事组织与管理[M]. 北京：旅游教育出版社，2014.

各洞若遇罚球，打球顺序不受影响。比洞赛中，如果同队球员打球不是按照轮流顺序进行的，则算该洞输。但在比杆赛中，如果不按顺序打，要罚 2 杆，并要求从打错顺序的位置开始重新打，以作惩罚。

例如，一方是 A1、A2，另一方是 B1、B2。一轮比赛结束时，A 队成绩为胜 4、平 9、负 5；B 队成绩为胜 5、平 9、负 4。则本轮比赛获胜的是 B 队，成绩表见表 2-1。

表 2-1 四人二球比洞赛成绩表

<table>
<tr><td colspan="2" rowspan="2">分组</td><td colspan="18">ON9</td></tr>
<tr><td colspan="2">1</td><td colspan="2">2</td><td colspan="2">3</td><td colspan="2">4</td><td colspan="2">5</td><td colspan="2">6</td><td colspan="2">7</td><td colspan="2">8</td><td colspan="2">9</td></tr>
<tr><td rowspan="2">A</td><td>A1</td><td rowspan="2">5</td><td rowspan="2">—</td><td rowspan="2">4</td><td rowspan="2">E</td><td rowspan="2">3</td><td rowspan="2">F</td><td rowspan="2">3</td><td rowspan="2">E</td><td rowspan="2">6</td><td rowspan="2">—</td><td rowspan="2">4</td><td rowspan="2">E</td><td rowspan="2">5</td><td rowspan="2">—</td><td rowspan="2">4</td><td rowspan="2">F</td><td rowspan="2">4</td><td rowspan="2">E</td></tr>
<tr><td>A2</td></tr>
<tr><td rowspan="2">B</td><td>B1</td><td rowspan="2">4</td><td rowspan="2">F</td><td rowspan="2">4</td><td rowspan="2">E</td><td rowspan="2">4</td><td rowspan="2"></td><td rowspan="2">3</td><td rowspan="2">E</td><td rowspan="2">5</td><td rowspan="2">F</td><td rowspan="2">4</td><td rowspan="2">E</td><td rowspan="2">4</td><td rowspan="2">F</td><td rowspan="2">5</td><td rowspan="2">—</td><td rowspan="2">4</td><td rowspan="2">E</td></tr>
<tr><td>B2</td></tr>
<tr><td colspan="2" rowspan="2">分组</td><td colspan="18">OUT9</td></tr>
<tr><td colspan="2">10</td><td colspan="2">11</td><td colspan="2">12</td><td colspan="2">13</td><td colspan="2">14</td><td colspan="2">15</td><td colspan="2">16</td><td colspan="2">17</td><td colspan="2">18</td></tr>
<tr><td rowspan="2">A</td><td>A1</td><td rowspan="2">5</td><td rowspan="2">E</td><td rowspan="2">3</td><td rowspan="2">F</td><td rowspan="2">3</td><td rowspan="2">E</td><td rowspan="2">4</td><td rowspan="2">E</td><td rowspan="2">5</td><td rowspan="2">—</td><td rowspan="2">4</td><td rowspan="2">E</td><td rowspan="2">5</td><td rowspan="2">F</td><td rowspan="2">4</td><td rowspan="2">E</td><td rowspan="2">5</td><td rowspan="2"></td></tr>
<tr><td>A2</td></tr>
<tr><td rowspan="2">B</td><td>B1</td><td rowspan="2">5</td><td rowspan="2">E</td><td rowspan="2">4</td><td rowspan="2">—</td><td rowspan="2">3</td><td rowspan="2">E</td><td rowspan="2">4</td><td rowspan="2">E</td><td rowspan="2">4</td><td rowspan="2">F</td><td rowspan="2">4</td><td rowspan="2">E</td><td rowspan="2">6</td><td rowspan="2">—</td><td rowspan="2">4</td><td rowspan="2">E</td><td rowspan="2">4</td><td rowspan="2">F</td></tr>
<tr><td>B2</td></tr>
<tr><td colspan="2">比赛结果</td><td colspan="18">B 组胜</td></tr>
</table>

3. 三人两球比洞赛

三人两球赛也被称作“一人对抗二人比洞赛”，这是一种配对形式的比赛。比赛方法如下。

3 名队员，其中 1 人为一方，另外 2 人为一方，2 人为一方的球员用一个球从发球区交替发球，当球在球道和球洞区上时，也是交替打球和推球，直到球被击进球洞。而 1 名球员的一方使用一个球，比赛记分方法同四人二球比洞赛。

4. 三人三球比洞赛

三人三球比洞赛也可称为“三球赛比洞赛”，比赛方法如下。

三人互为对抗，各打各的球，每个球员同时进行两个分别的比赛，也就是 3 名球员 A、B、C，A 对 B、C，B 对 A、C，C 对 A、B。每完成一洞后，依据各自击球入洞杆数的多少分列 3 名球员的成绩。如果球员 A 获胜的洞数多于 B、C 球员待打的洞数，则在本轮比赛中，A 球员成绩列前，B、C 球员继续开剩余的球洞，并按获胜洞数来将本轮比赛的名次排列出来。

5. 四人四球比洞赛

四人四球比洞赛简称“四球赛”，在团体或队际比赛中，这是一种比较常见的比赛形式，如“莱德杯”比赛的第二天，采用的比赛形式就是四球赛。比赛方法如下。

4 名球员，两两组成一方，每个球员都用自己的球来比赛，但在结束每一洞比赛后，每一方在此洞的成绩是本方 2 名球员中击进洞杆数少者，最终在该洞获胜的是击球进洞杆数少的一方，如果双方杆数相同，则为平分，本轮比赛的优胜者是获胜洞数比待打洞数多的一方。

例如，一方为 A1、A2，另一方为 B1、B2，如果在一个 Par4 洞的比赛中，A1 和 A2 分别取得了 5 杆和 4 杆的成绩，B1、B2 分别取得了 3 杆和 4 杆的成绩，那么 A 队在这一洞的成绩为 4 杆；B 队为 3 杆，最终该洞获胜方是 B1、B2 这一方。

6. 最佳球位比洞赛

(1)四人两球最佳球位比洞赛

4 名球员，配成两对，以一方较佳球与另一方较佳球之间的对抗比赛。计分方式参考四人二球比洞赛。

(2)四人四球最佳球位比洞赛

参赛的两队中，每队各派 2 人，展开二对二比赛，每人各打自己的球，但是在接下去，各队打第二杆时，可选择同组中较佳之球位置，也就是同队的 2 名选手都可以在同组中第一杆最佳球位置，各打一杆算第二杆，假设第二杆在球道和球洞区上，也可以选择距离洞口比较近的位置，同组 2 名选手可在该位置推球两次，当然如果先推的选手成功推球进洞，另一名选手就不用推了。如果球在球道和球洞区，同组的第一位选手没有推进，而另一人继续推进，则这一组在该洞的成绩算 3 杆。也就是虽然同组的两人打球，但成绩只有一份，每轮结束后，胜利一方是每洞杆数较少者，如果杆数相同，则为平分。

比赛过程中，选择最佳球位至关重要。各组选手从各自的发球台开球，每组两名选手应从开出的球位中对最好的球位进行选择，选好后在球位上做标记(如插入球 tee、放置 mark 等类似物)，如果没有做记号，该组球员该洞成绩要受到 1 杆的处罚，一洞的处罚最多 1 杆，做标记后，2 名选手可沿不靠近球洞区的方向，在与该球位相距一张计分卡的范围内抛球。如果是在障碍区(沙坑或水障碍/侧面水障碍)内选的球位，则距离该球位一张计分卡的距离不可超出障碍区。球到达球洞区后，2 名选手协商选择最佳球位并做好记号，然后沿不靠近洞口的方向，在距离球位 2 颗球距离的范围内放球，如果每组第一名选手没有推进，则应该先在该球位上做记号，而不是急着推球入洞，因为本组在该洞的成绩是按第一个球入洞所用的杆数来评定的。采用最佳球位击球前，球在球道上要抛球，在果岭上要放置球。选手必须自己完成抛球和放置球，球童不可提供帮助。

7. 波基或帕比洞赛

波基(Bogey)或帕(Par)比洞赛指的是赛前每一洞都以一个固定杆数作为目标的比洞赛方法。固定的杆数指的是以球道长度和难度限定以帕或高于帕 1 杆(Bogey)为比赛目标，获胜的是达到或低于比赛目标的一方。如果各方在某一洞都没有达到设定的比赛目标，则该洞为平分。一般在业余、非正规性趣味比赛中采用该方法。

例如，比赛目标为原标准杆(Par)的比洞赛中，有球员 A 和球员 B 在，其中某一洞中，A 的成绩是平标准杆(Par)，B 的成绩是加 1 杆(Bogey)，那么此洞获胜的是球员 A。如果在其中某一洞，A 的成绩是平标准杆(Par)，B 的成绩是低于标准杆 1 杆(Birdie)，那么该洞平分。如果双方都没有达到比赛目标，也是平分。

(二)比杆赛的分类

1. 个人比杆赛

个人比杆赛指的是不管参赛选手数量多少，每组选手(通常2～4人)各自打自己的球，在一轮或数轮比赛后，把选手在各洞获得的成绩加起来算总和成绩，以此来进行排名，总杆数少的选手名次在前。表 2-2 所示的是在一次个人比杆赛(4 轮)中，4 名选手 A、B、C、D 获得的比赛成绩。

表 2-2　个人比杆赛成绩表

参赛选手	各轮成绩				总杆成绩	比赛名次
A	75	80	79	81	315	3
B	80	78	76	75	309	2
C	74	72	75	79	300	1
D	77	79	79	82	317	4

2. 四人二球比杆赛

四人二球比杆赛指的是在比赛中，2 名选手为一方，每方各打一个球，一方的 2 名选手从发球区交替发球；当球在球道和果岭上时，交替打球和推球，直到球进洞。一方在一轮比赛中所取得的成绩为这方的 2 名选手在各洞所取得的成绩之和。

3. 四人四球比杆赛

四人四球比杆赛也可称为“四人比杆赛”“四球比杆赛”，这是团体或队际赛的主要比赛形式，一般多出现在职业或业余赛事中。比赛方法如下。

比赛中 4 人一组各自打自己的球，但其中 2 人为一方，一方在每洞的成绩为该方 2 名选手中最低的分数，一轮比赛结束后，一方在该轮的比赛成绩是两名选手每个洞最低分数成绩的和。

这一比赛形式的记分方法见表 2-3。

表 2-3　四人比杆赛成绩记分表

ON9		1		2		3		4		5		6		7		8		9		合计
A	A1	5	4	4	4	4	3	5	4	4	4	6	5	4	3	3	4	5	5	35
	A2	4		4		3		4		4		5		3		3		5		
B	B1	5	5	4	4	3	3	4	4	3	3	5	5	5	5	4	4	6	6	39
	B2	5		5		3		4		4		5		5		4		6		
OUT9		10		11		12		13		14		15		16		17		18		合计
A	A1	5	4	6	6	3	3	4	4	5	4	5	5	4	4	2	2	5	5	37
	A2	4		7		3		4		4		5		4		4		5		
B	B1	4	4	5	5	4	4	5	4	3	3	6	6	4	4	3	3	4	4	37
	B2	4		6		4		4		3		6		5		4		5		
比赛结果		A 组胜																		

4. 最佳球比杆赛

(1)四人最佳球比杆赛

比赛中 4 人一组，各自打自己的球，每组在每一洞的成绩为 4 名选手在该洞的最低分数。一轮比赛结束后，该轮成绩为 4 名选手每洞最低分数之和。

例如，在一轮比赛中，4 名球员 A、B、C、D 为一组，在一个标准杆为 5 杆的球洞上，球员 A、B、C、D 的成绩分别为 4 杆、6 杆、4

杆、4 杆，那么本洞该组成绩为 4 杆。

(2)四人最佳二球比杆赛

比赛中 4 人一组，各自打自己的球，每组在每一洞最后的成绩为该组两名分数最低选手的成绩之和，一轮比赛结束后，每组在本轮比赛中的成绩为每一洞两个最佳成绩之和。

四人最佳二球比杆赛的记分方法见表 2-4。

表 2-4 四人最佳二球比杆赛记分表

<table>
<tr><td colspan="2">ON9</td><td colspan="2">1</td><td colspan="2">2</td><td colspan="2">3</td><td colspan="2">4</td><td colspan="2">5</td><td colspan="2">6</td><td colspan="2">7</td><td colspan="2">8</td><td colspan="2">9</td><td>合计</td></tr>
<tr><td rowspan="4">球员</td><td>A</td><td>4</td><td rowspan="4">9</td><td>4</td><td rowspan="4">8</td><td>3</td><td rowspan="4">7</td><td>5</td><td rowspan="4">9</td><td>4</td><td rowspan="4">7</td><td>4</td><td rowspan="4">8</td><td>6</td><td rowspan="4">11</td><td>4</td><td rowspan="4">8</td><td>3</td><td rowspan="4">6</td><td rowspan="4">73</td></tr>
<tr><td>B</td><td>5</td><td>4</td><td>4</td><td>4</td><td>4</td><td>4</td><td>6</td><td>4</td><td>3</td></tr>
<tr><td>C</td><td>7</td><td>5</td><td>4</td><td>6</td><td>3</td><td>5</td><td>5</td><td>5</td><td>4</td></tr>
<tr><td>D</td><td>6</td><td>5</td><td>4</td><td>6</td><td>5</td><td>5</td><td>7</td><td>5</td><td>4</td></tr>
<tr><td colspan="2">OUT9</td><td colspan="2">10</td><td colspan="2">11</td><td colspan="2">12</td><td colspan="2">13</td><td colspan="2">14</td><td colspan="2">15</td><td colspan="2">16</td><td colspan="2">17</td><td colspan="2">18</td><td>合计</td></tr>
<tr><td rowspan="4">球员</td><td>A</td><td>4</td><td rowspan="4">8</td><td>4</td><td rowspan="4">9</td><td>3</td><td rowspan="4">7</td><td>5</td><td rowspan="4">9</td><td>4</td><td rowspan="4">7</td><td>4</td><td rowspan="4">8</td><td>6</td><td rowspan="4">10</td><td>4</td><td rowspan="4">8</td><td>3</td><td rowspan="4">6</td><td rowspan="4">72</td></tr>
<tr><td>B</td><td>4</td><td>5</td><td>4</td><td>4</td><td>4</td><td>4</td><td>5</td><td>4</td><td>3</td></tr>
<tr><td>C</td><td>7</td><td>5</td><td>4</td><td>6</td><td>3</td><td>5</td><td>5</td><td>5</td><td>4</td></tr>
<tr><td>D</td><td>6</td><td>5</td><td>4</td><td>6</td><td>5</td><td>5</td><td>7</td><td>5</td><td>4</td></tr>
<tr><td colspan="2">本轮成绩</td><td colspan="19">145</td></tr>
</table>

5. 定分式比杆赛

定分式比杆赛也称“史特伯福特比赛”，比赛前，竞赛组委会对各洞制定固定的成绩分数给予分值，按赛前各洞所规定的分值计算选手在各洞所打的成绩得分。结束一轮比赛后，选手在该轮的比赛成绩为各洞所得分值之和。

(1)单一史特伯福特比赛

史特伯福特比赛采用的计分法比较特殊，是将在各洞所得杆数换算成分数的一种计分方法，1931 年，英国业余高尔夫球员——史特伯福特创造了这一计分方法。球员在各洞要得到有效分数,必须打出设定的杆数。比赛结束后,获胜的是得分最高的选手。如果每洞设定的是标准杆数,选手必须打出等于或少于或比标准杆多1杆的成绩才能在该洞得分,那就是柏忌(高于标准1杆的bogey)1分,标准杆数(par)2分,小鸟球(低于标准1杆的birdie)3分,老鹰球(低于标准2杆的eagle)4分,双鹰球(低于标准3杆的double eagle或albatross)5分;超过标准2杆或以上者,该洞没有分数。

在业余高尔夫比赛中,史特伯福特通常是使用差点打的,依上述在有差点各洞各加1分。对没有差点来说,换算如下:低于标准1杆的(bogey)1分,标准杆数(par)2分,低于标准1杆的小鸟球(birdie)3分,低于标准2杆的老鹰球(eagle)4分,低于标准3杆的双鹰球(double eagle)5分,超过标准2杆及以上者没有分。业余球员均有差点(handicap),如果在各洞或若干洞有1或2差点,则依净杆按照上述方法换算分数,可以列简表2-5。

表2-5　单一史特伯福特比赛计分表

序号	成绩	点数
1	超过标准1杆以上	0
2	超过标准1杆	1
3	平标准杆	2
4	低于标准1杆	3
5	低于标准2杆	4
6	低于标准3杆	5

还有一种国际职业高尔夫巡回赛中常用的史特伯福特计分法,计分见表2-6。

表2-6　国际职业高尔夫巡回赛中常用的史特伯福特计分法

序号	成绩	分数
1	低于标准3杆	8分
2	低于标准2杆	5分

续表

序号	成绩	分数
3	低于标准 1 杆	3 分
4	标准杆	0 分
5	高于标准 1 杆	−1 分
6	高于标准 2 杆或更差	−3 分

为了方便计算与记忆，以在 0 差点各洞打平标准杆得 2 分为计算基准，多 1 杆少 1 分、少 1 杆多 1 分，通过加减运算，可知低于标准 1 杆 3 分、低于标准 2 杆 4 分、低于标准 3 杆 5 分；高于标准 1 杆 1 分、高于标准 2 杆及以上 0 分。

之后，在有 1 差点和 2 差点各洞则依 0 差点得杆数所得分数，分别加 1 分、2 分。因此在 0 差点、1 差点和 2 差点各洞得平标准杆时，换成分数分别为 2 分、3 分和 4 分，其余按照少 1 杆多 1 分、多 1 杆少 1 分的方法换算就可以了，见表 2-7。

表 2-7　史特伯福特计分法简易表

杆数	0 差点	1 差点	2 差点
+3(超标准 3 杆)	0 分	0 分	1 分
+2(超标准 2 杆)	0 分	1 分	2 分
+1(超标准 1 杆)	1 分	2 分	3 分
0(0 平标准杆)	2 分	3 分	4 分
−1(低于标准 1 杆)	3 分	4 分	5 分
−2(低于标准 2 杆)	4 分	5 分	6 分
−3(低于标准 3 杆)	5 分	6 分	7 分

(2)四球最佳球之史特伯福特比赛

这是第一个比赛形式的团体版本。计分方法可参考个人比杆赛，但每队只有 1 名球员可代表本队在 1 个球洞上得分。该分数是该队的最佳结果。每组的 2 名选手得分相同时，给首先入洞者记分。如果一名选手没有超过队友的得分，则捡起球加快比赛进度。只对史特伯福特点数进行计算，获胜者为得分最高者。每队只需要一名选手和记分员在记分卡上签字。

(3)四球合计之史特伯福特比赛

这也是第一种比赛形式的团体版本。比赛中，对每洞的所有分数进行计算。每名选手必须对每洞上的得分进行记录，每个洞的总点数是2名选手分数之和。然后对该回合的结果进行计算，记录每个洞的总点数之和。该点数得分系统与单一史特伯福特比赛相同。获胜方是点得分最高者。

例如，在一次定分式比杆赛前，竞赛组委会将各洞固定成绩设定的分数见表2-8。

表2-8　定分式比杆赛分制设定表

球员所打的洞	得分
比固定成绩多两杆或未提交成绩	0
比固定成绩多1杆	1
平固定成绩	2
比固定成绩少1杆	3
比固定成绩少2杆	5

根据表2-8所制定的分制，在一轮比赛结束之后，4名选手A、B、C、D的成绩见表2-9。

表2-9　定分式比杆赛记分表

球员	1		2		3		4		5		6		7		8		9		合计
	杆数	得分	杆数	得分	杆数	得分	杆数	得分	杆数	得分	杆数	得分	杆数	得分	杆数	得分	杆数	得分	
A	4	2	5	2	3	2	4	2	5	1	4	2	5	2	3	2	4	2	17
B	5	1	5	2	4	1	5	1	4	2	4	2	6	1	3	2	4	2	14
C	4	2	6	1	4	1	5	1	4	2	5	1	6	1	4	1	5	1	11
D	6	O	6	1	4	1	4	2	5	1	5	1	5	2	4	1	6	0	9

续表

球员	10		11		12		13		14		15		16		17		18		合计
	杆数	得分	杆数	得分	杆数	得分	杆数	得分	杆数	得分	杆数	得分	杆数	得分	杆数	得分	杆数	得分	
A	4	2	5	1	3	2	5	1	5	1	4	2	3	2	4	2	5	2	16
B	5	1	4	2	4	1	4	2	4	2	5	1	3	2	4	2	6	1	14
C	5	1	4	2	4	1	5	1	4	2	4	2	4	1	5	1	6	1	13
C	5	1	4	2	4	1	5	1	4	2	4	2	4	1	5	1	6	1	13
D	5	1	5	1	4	1	5	1	4	2	5	1	3	2	4	2	5	2	14
最终比赛名次：A(33分) B(28分) C(24分) D(23分)																			

三、比洞赛与比杆赛的发展历史及现状

整体而言，在现代高尔夫球比赛中，数量上占绝对优势的是比杆赛这种比赛形式，所以，大多数人都认为比杆赛和比洞赛相比，更加“正统”。其实并不是这样，要论发展历史，比洞赛的历史更早一些。据历史记载，比洞赛是最早的高尔夫球比赛形式。不管是职业高尔夫选手，还是业余爱好者，都需要对这两种基本比赛形式的渊源进行一定的了解，从而提高参与其中的积极性与欣赏的趣味性。

(一)比洞赛的诞生

苏格兰牧羊人在闲暇时间用木棍击打石子的游戏是高尔夫运动的起源与雏形。后来随着该游戏的不断演化，出现了击打球使其进球洞的高尔夫运动。比洞赛是高尔夫运动比赛的早期形式，主要比的是以较少的杆数击打球进入目标球洞，这是高尔夫比洞赛的起源与雏形。

据相关历史资料记载，在苏格兰斯图亚特王朝时期（1371—1714）就出现了最早的高尔夫球比赛。我们可以从关于当时比赛的历史记载中对早期高尔夫球比赛的面貌进行了解。早期高尔夫球比赛的举办统一用的是比洞赛形式，个人比洞赛（如1503年苏格兰国王詹姆斯四世对阵伊尔的比赛）和四人两球比洞赛（如1681年杜克和爱丁堡鞋匠约翰·帕特森之间的比赛，在约克郡举行）是最常见的形式。

（二）比杆赛的出现

在高尔夫球运动历史上，比洞赛作为最早出现的比赛形式，具有划时代的重要意义，高尔夫之所以能够从一种游戏演化成一项运动，主要就是因为出现了这种具有规则意义的比赛形式，而且这也是这项运动能在较短时间内被推广到广大社会人群中且不断普及、风靡的主要原因。

但是，比洞赛这种比赛形式是有自身缺陷的，主要表现为，在比赛中，一个人或一方只能同时与另一个人或一方展开对决，只能通过层层选拔和淘汰来决出最后的胜利者。比洞赛中，决出名次的方式只能是淘汰赛或对决赛；而在人数较多的比洞赛中，用淘汰赛的方式决出冠军，要花的时间比较长，并且也显得赛事拖沓、烦琐，更重要的是，参赛者及观众在体力、耐心上都无法适应，对他们来说这个考验比较严峻。

早期高尔夫运动的发展阶段也是农耕社会过渡为工业社会的转型阶段，这一时期，相对而言人们的生活节奏比较慢，再加上高尔夫运动的开展还不是很广泛，赛事规模也比较有限，所以比洞赛这种赛事形式还可以满足当时的比赛需要，并受到了人们的认可与喜爱。随着时代的变迁与进步，人们的生活节奏越来越快，高尔夫运动的发展可谓突飞猛进，高尔夫比赛规模不断扩大，影响越来越广泛、深远，这时，当年被人们喜爱的比洞赛这种比赛形式便无法适应发展的需要，如果还一味采用这种方式，便会对高尔夫运动的进一步发展造成束缚与限制。

人们发现比洞赛这种比赛形式的局限性后，便出现了改革比赛形式或创造新形式的呼声，同时也发生了各种争议，1774 年这种争议达到高潮。当时爱丁堡雷斯俱乐部举行了一次高尔夫球比赛，比赛中采用的就是比洞赛这种最早的形式，因为参加比赛的选手数量多，再加上组织力度不强，导致比赛拖沓，参赛选手和观众对于这种“愚蠢”的比赛难以忍受，于是产生争议，而比洞赛这一赛制就是各种争议的症结所在。比洞赛这个比赛形式曾经无限风光，此时却成为“讨伐”的对象，社会上要求改革这一赛制的呼声日益高涨。

当时高尔夫运动的最高管理机构——圣安德鲁斯球员社团(R&A 前身)对比洞赛的明显弊端也有了一定的了解，于是出现了改革的想法。最终在 1759 年 5 月 9 日，该组织机构做出决定："为了最大限度地消除银质球杆争夺中所出现的种种争议和麻烦，社团主席和到场的高尔夫选手一致决定：在 22 个球洞(当时的高尔夫比赛为 22 洞)的比赛中，用最少的总杆数结束比赛的选手即为本次比赛的获胜者。"从此便出现了比杆赛这一比赛形式。

比杆赛的出现，弥补了比洞赛因参赛球员多而导致比赛拖沓的缺陷，采用该赛事，有些赛事便可以在一天之内完成。之后，随着高尔夫运动的不断发展，赛事的组织规模、影响力都发生了巨大的变化。职业高尔夫领域的变化更是翻天覆地，因为出现了巡回赛的比赛形式及后来的高尔夫选手积分排名系统，所以比杆赛作为一种新的赛制成为高尔夫比赛的主流形式，不管是在职业高尔夫领域，还是业余高尔夫领域都是如此。

(三)比洞赛与比杆赛的现状

现在，英国公开赛、美国名人赛、美国公开赛、美国职业锦标赛是代表高尔夫运动最高水平的四大满贯比赛，这四大赛事采用的比赛形式都是比杆赛。

虽然比杆赛取得了一定的统治地位，但这并不代表古老的比赛形式——比洞赛就走向了灭亡。事实上，在当今的高尔夫运动中，比洞赛的生命力依然十分顽强，吸引力依然很强大。在一些传统的经典高尔夫球比赛中，这种古老而经典的赛制依然很受欢迎。例如，“总统杯”“莱德杯”“世界比洞锦标赛”等著名的高尔夫比洞赛事依然被大量高尔夫球迷所关注。

第二节　比洞赛与比杆赛的规则差异

一、比洞赛与比杆赛的总体比较

（一）比赛对抗性的差异

在体育竞技比赛中，特别是在职业体育比赛中，有一个必不可少的重要因素，即对抗性。比赛的受关注程度、奖金数量、收视率高低在很大程度上由对抗的激烈程度所决定，甚至有人将对抗性看作是职业体育的生命线。在高尔夫比赛中同样也是这样，高尔夫的两种基本比赛形式比洞赛和比杆赛可以鲜明地体现这一点。

对比来看，比洞赛是两名（或两方）选手在同一球场、同一球洞直接开展的一种对抗形式，不仅是挑战自己，同时也是挑战对手。每洞决出胜负，一轮结束，胜负者一个晋级，一个出局。所以这种比赛形式更具“戏剧性”“对抗性”，有浓浓的“火药味”，这就直接增加了比赛的观赏性。

虽然比杆赛这种比赛形式也很激烈，但与比洞赛还是有区别的。因为比杆赛是最终总杆数的较量，直到所有选手都比完后，比赛结果才能见分晓，所以最终的结果对选手、观众来说无疑都是最大的悬念。虽然这个悬念非常吸引人，但与比洞赛中洞洞都有悬念相比还是稍弱一些。同时，因为比杆赛的参赛选手数量通常比较多，因此容易分散人们的注意力，比洞赛中强烈的“焦点效应"很难出现在比杆赛中。所以在对抗性上，比洞赛略胜一筹。

（二）参赛选手容量的差异

比洞赛和比杆赛在选手容量上存在明显的差异，这主要是因为二者的比赛机制不同。

比洞赛中，选手之间直接对抗，主要遴选手段是淘汰赛，因此在参赛选手人数上缺乏一定的容纳性，这也是这一赛制的主要缺陷。例如，一次比洞赛的参赛选手有64人，在合理强度下，安排每人每天打一轮比赛，这样，每个选手将打6场比赛，要持续6天时间才能打完所有比赛，决出最后的胜利者。如果参赛选手有128人，那么整个赛事就要持续7天才能比完。显然，这是对选手耐力及观众"关注耐力"的巨大挑战。在今天，人们的生活节奏非常快，而这样的比赛过于烦琐冗长，所以不容易吸引观众，也就很难赢得市场。

比杆赛在参赛选手容纳性上是有优势的，因为以"杆数"为衡量成绩的标准，因此每个选手既要将自己作为对抗的对象，也要将全场所有参赛选手作为对抗对象。这就增加了同一时间内比赛的选手容量。比如，同样参赛选手共128人，而决出最终冠军和最终名次只需要进行四轮比赛，也就是用4天时间就能结束比赛。

（三）赛事组织效率的差异

和早期的体育赛事相比来说，现代体育赛事对组织的科学性和高效性更加重视。作为高尔夫运动早期的经典比赛形式，比洞赛是在当时的时代背景下产生的，适应了当时的环境，也满足了当时的需要；但随着高尔夫运动全球化、规模化的发展及演进，与早期相比，高尔夫球赛的参赛人数、组织规模等都发生了巨大变化。鉴于此，采用比洞赛无法满足参赛人数多、组织规模大的高尔夫比赛的需要，而且所耗费的时间成本和人、财、物等成本是比杆赛的几倍。

而在相同时间内，比杆赛能容纳更多的参赛人数，可安排更多的比赛内容，能满足大规模高尔夫球比赛的需要。因此从组织效率上来看，比杆赛的优势很明显。

(四)比赛结果合理性的差异

从比赛结果的合理性来看，很难说比洞赛和比杆赛哪个更好，因为它们都有各自明显的优势和劣势，因此需要根据实际情况来具体分析。

以一轮规定比赛洞数为18洞的比赛为例，因为比洞赛是每洞决胜负，最后算每个选手每个洞的成绩总和，因此，如果一名选手在某一洞没有发挥好，打出较高杆数（“打爆”），结果也就是在这一洞判这个选手负，而这一洞的成绩并不会决定其他洞的比赛成绩乃至整场比赛成绩，也可以说影响并不是致命的。如果选手可以及时调整状态，在其他球洞发挥好，那么他还是有很大机会可以赢得比赛的。

但比杆赛则不同，比杆赛以最终总杆数为标准计算最后的比赛成绩，所以对任何一名选手而言，每一洞都至关重要，每一杆都不容掉以轻心；如果选手在某一洞没有发挥好，打出高杆数，那么会从很大程度上影响整个比赛的成绩，甚至会因此而失去翻盘的机会。特别是在职业赛事中，这种情况非常普遍。

通过上述分析，比洞赛的“容错率”看起来似乎更高一些，与比杆赛相比似乎更加合理，其实不是这样。比杆赛和比洞赛在结果上的合理性都是相对来说的，因为在高尔夫比赛中，比洞赛决出后续比赛名额乃至最后名次，多采用的是淘汰赛，也就是“一场定胜负”（或一轮定胜负），这样来看，比赛结果的偶然性就比较大，特别是对一些“慢热型”选手而言，比赛的偶然性就更大了。例如，一场比赛有32名选手参加，通过第一轮淘汰赛，16名选手晋级，但这不意味着晋级选手比被淘汰的所有选手都强，因为被淘汰的选手可能在前面比赛中正好遇到了此次排名最高的“种子选手”，虽然对他来说，这是一个难得的切磋机会，而且比赛质量也很高，但他失利的可能性很大。

就比杆赛而言，这种偶然性就大大降低了，因为比杆赛要到比赛结束后通过计算最终总杆数才能得出结果，所以从时间上来说，选手有调整的机会，更能充分发挥自身的水平。

总之，比洞赛和比杆赛中，比赛结果的合理性只能相对而论，不能片面断言。

二、规则差异产生的原因

比洞赛和比杆赛是高尔夫球比赛中普遍采用的两种赛制，二者在规则方面的差异较大，造成差异的原因如下。

（一）计分机制不同

比洞赛比的是每洞的胜负，成绩计算顺序依次是：单洞所用杆数→单洞胜负→总胜负→成绩排名。

比杆赛的成绩计算和比洞赛不同。在比杆赛中，选手的“杆数”是强调的重点，是评分的标准，即参赛选手在每一洞所用杆数以及整个比赛所用的总杆数，以最终所用杆数数量为评判标准，决出胜负及名次。成绩计算顺序为单洞所用杆数→总杆数→成绩排名。

比洞赛和足球赛中的淘汰赛比较类似，采用晋级、降级模式；而比杆赛则类似于足球赛中的循环积分赛，每洞的杆数就是一个积分，最后总杆数就是最终积分。但是，比杆赛不同于一般意义上的积分赛，因为在比杆赛中，杆数越低，比赛成绩越好，而在积分赛中是积分越高，比赛成绩越好。

（二）对抗形式不同

比洞赛与比杆赛的对抗形式存在明显差异，主要从以下两个方面体现出来。

1. 参赛人数

同组参赛选手之间的对抗是比洞赛强调的内容，与一般意义上的“对决”比较类似。同组两名或多名选手之间的对决是对抗的直接表现，最后根据所用杆数多少评出胜负。两名选手之间的对抗在比洞赛中比较常见，两个团队间的团体对抗也较为常见。

在比洞赛中，单位时间内参赛选手人数和赛事规模受到的限制比较大，所以如果参赛人数多，赛事规模大，那么不适合采用比洞赛这种比赛形式，因为比赛需求得不到满足。

比杆赛则不同，这在结束规定比赛轮次后，以各参赛选手所用总杆数多少为依据评判结果，总杆数越少，名次越好。在这一比赛形式中，总杆数的作用是“通用参照物”，与“单洞胜负”相比，“胜出洞数”的普遍性和高效性更突出，高尔夫赛事对于参赛选手人数容纳性的问题也因此而得到了解决，这也大大增加了比赛的人数，扩大了比赛的规模。

2. 竞争对手

在比洞赛中，双方选手同组出发，同组其他选手就是自己的直接竞争对手；打完每一球洞，依据各个选手所用杆数多少对该洞胜负结果进行评判，杆数少者获胜，多者负，相同则平，比赛结果看起来一目了然。结束一轮比赛后，获胜者是胜出球洞数多的选手。

而在比杆赛中，因为有“通行参照物”——总杆数，所以成绩比对范围与比洞赛相比更大。从比赛评定角度来看，任意两名选手之间都存在竞争关系。虽然各个参赛选手未必会在同组出发，但通过“通行参照物”(总杆数)，各个参赛选手就被置于同一竞争平台。任何一名选手只需在结束规定比赛轮次后，将自己的总击球杆数准确计算出来，通过对比其他选手的总杆数，则可知最终成绩及排名。很明显，比杆赛这种赛制使竞争对手从球场的某一个球洞扩展到了球场的每一个球洞，而且一定程度上来说是对时间局限的突破，也就是说参赛选手以比赛轮次为界限，只需在规定轮次中打完规定球洞数就可以知道自己最后的排名；同时，这一赛事也提高了比赛效率，扩大了比赛规模。

综上所述可知，比杆赛和比洞赛这两种高尔夫球赛制的差异非常显著，因此由它们影响的高尔夫赛事规模和效率也表现出明显的差异。

三、规则差异的表现

（一）常见的处罚方式

在高尔夫比赛中一般有下列三种处罚方式。

1.罚一杆

罚一杆在以下情况中常见。

选手在击球过程中出现一定偏差或犯规行为，可能这种违规行为对选手本身没有任何实质性的好处，但规则规定罚一杆，也就是在已打杆数的基础上额外增加一杆。

例如，在比赛过程中，参赛选手击球出界（OB），或直接将球打入水障碍中，通常采取罚一杆这个判罚标准。对于击球失误造成的球处于规定有效区域之外的情况，一般都采用这一判罚标准。

此外，比赛中选手因为疏忽而使球出现挪动或从停球位置偏离时，规则规定该选手必须将球放回原位；同时，因为违反了规则规定，所以罚一杆。尽管在这一违规行为中，选手并没有因此而得到任何好处，但因为与高尔夫规则的规定不相符，所以毫无争议要受到判罚。

不管是在比洞赛中，还是在比杆赛中，罚一杆的判罚基本一致，也就是在比赛中的同一违规行为都是罚一杆。这体现了这两种赛事的相同之处。

2.罚两杆与判该洞负

罚两杆通常适用于以下情况。

在比赛过程中，选手做了规则严格禁止的行为，并且可能是出于获得某种不当利益而做出该行为的。为了阻止这种行为发生，规则规定的处罚比较严重，让违规选手得不偿失。

例如，在比赛中参赛选手人为对自己的击球环境做了调整，如移动障碍物或将坑洼填平，以创造对自己有利的比赛环境，不管他的行为是否有意，都与规则之规定不符，并且有可能存在不当获利的动机。对此，比洞赛标准处罚是判定该选手此洞负；比杆赛标准处罚是罚两杆。

3.取消比赛资格

高尔夫比赛中，最严厉的判罚就是取消选手的比赛资格，这和足球赛中的“红牌罚出场”处罚一样严重。对于严重违反比赛规则，严重影响比赛公平性，甚至有违体育道德的违规行为会采用这一严重惩罚。当发生此类违规行为时，依靠比赛规则难以对该选手从中获利多少而进行判断，因而只能将取消比赛资格作为最后的判罚。

一般来说，对同一违规行为，如果比杆赛中采用取消该选手比赛资格的处罚标准，那么比洞赛中则采用判该选手在该洞负的处罚标准。这主要是因为，比洞赛中虽然难以通过规则对该选手在违规行为中得到多少利益进行判断，判他该洞负也足够使其得不偿失了；但在比杆赛中，因为每个洞的杆数都直接与总成绩挂钩，所以不当得利即使是一杆，都有可能影响最终的成绩排名，这对其他选手而言是不公平的。因此，当无法对该选手在违规行为中获利多少进行判断时，只能取消该选手比赛资格，以维护比赛的公平性。

不管是在比杆赛中，还是在比洞赛中，对于严重违反高尔夫规则，甚至违背体育道德精神的行为，都会选择同一种处罚标准，即取消比赛资格。

例如，在高尔夫球比赛中（比杆赛和比洞赛），如果选手之间事先协商约定对于对方的违规行为要互相包庇，或者对球的正常运行故意做出人为改变，进而达到不当利益目的的行为，一经查出并证实，都要取消其比赛资格。

（二）规则差异的具体体现

比洞赛和比杆赛的规则差异具体从以下几方面体现出来。

1. 关于已打杆数的报告

高尔夫竞赛规则规定：

(1)对手有权利在一洞的打球过程中向球员查询后者已打的击球次数或在一洞的打球之后查询球员在刚刚打完之洞的杆数。

(2)球员不得将错误信息提供给对手。若提供错误信息给对手，他在该洞负。

规则还规定："比杆赛中受到处罚的选手应尽快报告给自己的记分员。"

从上述高尔夫规则相关规定可知，在高尔夫比洞赛中，成绩的即时性特别关键，在任何时候选手都有权就对方已打杆数及刚完成的那个洞的杆数而询问对手。只有这样，选手才能据此对自己接下来的战术和策略进行制定。

为了对球员的这一权利进行保障，规则 9－2b 规定："如果球员答复对方选手时，提供的杆数信息错误，那么判他该洞负。"可见，比洞赛中杆数信息询问非常重要，而且处罚力度也比较大。

与规则对比洞赛的相关规定相比，对比杆赛的规定只是：比赛中受到处罚的选手应尽快向自己的记分员报告。而选手即使没有做到，也不会受罚。

2. 打球顺序

高尔夫球竞赛规则中有关于打球顺序的明确规定。

针对比洞赛打球顺序规定："如果在应由对手打球时，球员失误打了球，不做处罚，但对手可以要求该球员将此次击球取消，然后以正确顺序，在尽可能与之前打初始球接近的地方打球。"

关于比杆赛的规定："如果比赛中没有按正确顺序打球，不受处罚，应当在球停止的位置打球。如果委员会判定选手之间商定以错误顺序打球以求谋得个人私利，将被取消资格。"

通过上述规则对比可知，在比洞赛中，如果某选手没有按照正确顺序击球，那么，他的对手可以立即要求他取消这次击球。但这样的规定在比杆赛中显然无法执行，因为在比杆赛中，他的竞争对手实际上是全场所有的参赛者，鉴于打球顺序错误并没有给该选手带来任何实际利益，并且在某种程度上还有助于加快打球速度，因此，高尔夫规则对比杆赛中此方面的违规没有规定处罚。

3.发球区

发球区的规定如下。

(1)针对比洞赛规定："在开始一洞的打球时，如果球员从发球区外打球，并不受罚。对手可以立即要求该球员取消此次击球重新从发球区内打球。"

(2)针对比杆赛规定："在开始一洞的打球时，如果比赛者从发球区外打球，他要被加罚 2 杆，然后必须重新从发球区内打球。"

从这个规则的比较来看，在比洞赛中，如果选手在发球区外开球，同组对手可要求该名选手立即将这个击球取消。因为对手就在现场，规则规定他有提出异议的权利，以对自己的合理权益进行保护。但是，比杆赛中做不到这点，因为竞争对手在整个球场是分散的，所以只能通过规则来保护其他选手的利益与维护比赛的公平性，即对该选手罚 2 杆，并要求其必须立即改正，否则取消比赛资格。

4.静止球被同组对手或其球童移动

关于比洞赛和比杆赛中静止球被移动的处罚，规则提出了不同的规定，具体如下。

针对比洞赛中静止球被移动的规定：在寻找球员的寻找过程中，如果对手、对手的球童或其携带品移动了球、碰到了球或成为造成球移动的主要原因，不受处罚。如果移动了球，必须将球重新放回原处。

在非寻找球员的寻找过程中，如果对手、对手的球童或其携带品移动了球、有意碰到了球或成为造成球移动的主要原因，除去规则另有规定之外，对手要追加罚一杆。如果球移动，必须将球重新放回原处。

针对比杆赛中静止球被移动的规定：如果同伴、同伴比赛者的球童或其携带品移动了球、碰到了球或成为使球移动的原因，并不受罚。如果球移动，必须将球重新放置回原处。

比较上述规则可知，在比洞赛中，球被移动分两种情况：一是在帮助找球的过程中移动球，这种情况不受罚；二是在帮助找球之外移动了球，这种情况判罚一杆。但如果比杆赛中出现这两种情况，都不会受罚。

5.球在运动中被变向或停止

不管是在比洞赛中，还是比杆赛中，关于球在运动中被变向或停止，都有两种情况。

(1)球被自己、伙伴、球童及携带品变向或停止。这种情况下，比洞赛与比杆赛有不同的规定。

针对比洞赛的规定：如果球员的球意外地因为他自己、其伙伴或他们中的任何一人的球童或携带品变向或停止，他在该洞负。

针对比杆赛的规定：如果比赛者的球意外地因他自己、其伙伴或他们之中任何一人的球童或携带品变向或停止，该比赛者要受到两杆的处罚。

可见，在比洞赛与比杆赛两种比赛方式中，如果因为本方原因造成运动中的球变向或停止，那么接受的处罚都非常严厉，前者判该选手此洞负，后者罚两杆。

(2)球被对手、对手的球童及其携带品变向或停止。对于这种情况，比洞赛与比杆赛的规定不同。

针对比洞赛的规定：如果球员的球意外地因对手、其球童或携带品变向或停止，并不受罚。在任何一方击球前该球员可以取消该次击球，在尽量接近最后打初始球的地点打球而不受罚。

针对比杆赛的规定：如果运动中的球意外地被任何局外者改变方向或停止，则为球因局外者变向或停止，并不受罚，必须在球的现状态下打球。

可见，如果因为对手的原因使运动中的球变向或停止，比洞赛与比杆赛两种比赛的判罚相同，都不予以处罚，前者是取消该次击球，在尽量与初始球接近的位置击球，没有处罚；后者只是规定在球的现有状态下击球。

四、其他差异表现

(一)关于OK球的规定

1. OK球的概念

OK球常见于比洞赛中，指的是比赛过程中，一方认为对手的下一杆击球必进无疑时，告知对方可免于此次击球，并承认对方被免击球该杆进球有效，以节省比赛时间，这种情况称为"OK球"。

2. OK球的适用范围

比洞赛是同组对抗的比赛形式，成绩好坏与同组对手的关系非常密切。其中任何一方在自愿前提下，都可以提前认输，从而节省比赛时间，结束该洞或改轮比赛。这是因为，一方面，放弃某一洞或者认输整个比赛不会从本质上影响对手的成绩，即对对手的合理获利不会产生影响；另一方面，因为最终是以球洞为单位来计算比赛成绩的，所以在某个洞认输对整个比赛的结果并不一定会产生根本的影响。也正因如此，比洞赛中才会出现 OK 球——选手可以在任何时候认可对手的下一次击球进洞。

比如，在比赛中的第 10 洞，选手 A 第 4 杆将球击上果岭并停在球洞旁约 3 英寸处，而选手 B 则已经打了 5 杆，同样上了果岭。这时，选手 A 确定自己在第 5 杆可以将球推进球洞，此时其可以选择给选手 B OK 球。因为此时选手 B 在这个洞的成绩已经可以确定至少是 6 杆，在确定本方获胜情况下，选手 B 在这个球洞的具体击球杆数已不会影响该洞的比赛结果，所以选手 A 这时可以选择给对方 OK 球。

在比杆赛中则不会发生上述情况，因此高尔夫竞赛规则明确规定：比杆赛中，参赛选手在任何一个球洞都必须以击球进洞结束该洞比赛，禁止出现 OK 球；否则，将取消相关选手的比赛资格。

(二)关于打两个球的规定

高尔夫比赛中，如果出现争议，且裁判员不在现场或无法及时赶到，可按以下方法处理。

比杆赛：选手可以打两个球。

比洞赛：选手只能提出申诉等待裁判员来裁决。

(三)关于申诉时限

比洞赛与比杆赛在申诉时限上有差异，主要由两种比赛的不同性质决定。

在比洞赛中，如果任何一方选手对于比赛过程有疑问或争议，必须在该洞及时申诉和解决；一旦结束了该洞比赛，进入下一洞比赛，则就过了申诉时限，无法更改既成事实。

而在比杆赛中，在递交记分卡之前，比赛过程中的一些争议都可进行申诉和裁决。

每一名高尔夫选手及爱好者都应该深入地理解比赛规则、把握规则、运用规则，只有这样，才能真正驾驭规则，为我所用，从而深刻体会高尔夫运动的无限乐趣和魅力。

第三节　比洞赛与比杆赛的组织方式

一、比洞赛与比杆赛的分组方式

（一）比洞赛的分组方式

1. 常见分组方法

比洞赛是同组 2 名选手或两方间进行对抗的一种比赛方式，所以比洞赛分组中，需要重视一个非常关键的标准，即尽可能将参赛球员“平均”分散到各组。在比洞赛的一般分组编排中，常用以下两种抽签方法。

（1）盲式抽签法

盲式抽签法，是指在报名参赛选手较多的情况下（但仍为 2 的乘方数，如 8、16、32、64 等），通过抽签分组的方法进行比赛，淘汰一部分选手，为后面的正赛选取适当数量比赛选手的一种分组方法，亦称为“海选法”。盲式抽签法通常适用于报名人数远多于正式比赛规定人数时，主要目的是为后面的正式比赛遴选选手，而不是一次性地产生最终的名次。

（2）数字抽签法

依据球员前段比赛的成绩位置或提交的成绩分数进行平均

分组的方法就是数字抽签法,数字抽签法的数字是指选手的分组代号。一般在盲式抽签法分组的“淘汰赛”之后进行数字抽签。一般分上、下两个半区来分组。

例如,在一次比赛中,参赛选手有 64 人,第一轮淘汰赛后还有 32 名选手,此时就采用数字抽签法。先以第一轮的成绩为依据进行交叉对位,将上、下两个半区排出,上半区、下半区分别从 1 对 32、2 对 31 开始,依此类推,将 16 组选手的对阵图表排出来。

2. 不同赛制下的分组方法

(1)名次淘汰赛制

名次淘汰赛指的是通过比赛既能将最后的冠军决出,又能将最终比赛名次确定下来的一种赛制。在这种赛制的比赛中,即使选手输了比赛,但也会知道自己的最终排名情况。

(2)冠军淘汰赛制

冠军淘汰赛指的是以最终冠军归属为目的的一种赛制,确定冠军是赛事的最终结果,其他名次的排列不是很重要。在这种比赛中,输掉任何一场比赛的选手都没有夺冠的机会,同时也不会知道自己在本次比赛中的名次,从第一轮比赛到最后一轮比赛都获胜的选手才能赢得最终的冠军。

通常根据参赛人数确定比赛分组。例如,16 名选手参赛,第一轮比赛时,分组方法采用“盲式抽签法”,后面的比赛胜者与胜者之间展开对抗,淘汰失利者。如果参赛队员超过 16 名,则要举行预选赛或附加赛,以确定 16 名最终参赛选手。

3. 队际比洞赛分组方法

两队之间或多队之间进行比洞赛的方法就是队际比洞赛。以参赛队伍数量为依据,可采用以下分组方法。

(1)两队定分式比洞赛

参赛双方在赛前将各自的参赛人数确定好后,双方选手采用定分式比洞赛形式进行比赛的方法就是两队定分式比洞赛。在这一比赛形式中，计分方法如下。

胜一洞 1 分，平一洞 0.5 分，负一洞 0 分。结束一轮比赛后，每一方在这轮比赛中的成绩是本方选手分数的累加。赛前各方将本队选手的出场顺序确定下来，由此对比赛中双方球员的对阵进行安排，双方各自确定的选手出场顺序直接影响这一分组方法，赛事组织者需以各方选手出场顺序为依据对相应的比赛对阵图表进行设计。

例如，在一次定分式比洞赛中，双方各 4 名选手参赛，双方选手出场顺序见表 2-10。

表 2-10　定分式比洞赛出场顺序

组别	A 队选手出场顺序	B 队选手出场顺序
第一组	A3	B2
第二组	A1	B1
第三组	A2	B4
第四组	A4	B3

对应的双方对阵表见表 2-11。

表 2-11　定分式比洞赛对阵情况

双方对阵表	
第一组	A3 vs B2
第二组	A1 vs B1
第三组	A2 vs B4
第四组	A4 vs B3

(2)多队(两队以上)定分式比洞赛

这一形式的比赛对参赛队伍数量有要求，即参赛队伍是 2 的乘方数；将各队选手出场顺序确定好后，可通过名次淘汰赛或冠军淘汰赛安排比赛。

(3)定分式四人两球队际比洞赛

在团体比赛中经常使用这种比赛方法，赛前将比赛选手的出场人数及各队出场顺序确定下来，通过盲式抽签法将对阵团队

(队伍)及对阵选手(个人)确定下来。结束一轮比赛后,按照既定计分方式对各队的累计得分进行计算,并以此将下一轮次比赛资格和名次排出来。

“莱德杯”比赛中,第二轮采用的比赛方式就是四人两球。

(二)比杆赛的分组方式

比杆赛中一般采用以下几种分组方法。

1.盲式抽签分组法

赛事组委会以事先确定的参赛人数为依据将各个比赛组别安排好,然后采用“盲式抽签”方法对所有报名选手进行分组;通常每组预订2~4人,最后要以选手的抽签情况为依据将其分配到对应的组别中。

2.“种子选手”分组法

“种子选手”分组法指的是赛事组委会事先以参赛选手的实力和之前取得的成绩为依据,将若干名“种子选手”确定下来,在各个组别中对这些选手进行平均分配(每组1名),然后采用“盲式抽签”的方法将其他选手分组落位。

“种子选手”分组法有利于对高水平选手的“保护”,避免比赛中高水平选手过早相遇,尽可能在比赛的最后阶段安排最精彩的比赛。此外,“种子选手”分组法也会慎重考虑选手的出场时间,通常在整体出发时间的中前阶段安排高排位种子选手出发。

3.差点分组法

一般只在业余高尔夫比赛中采用差点分组法,因为差点的概念在职业比赛中是不存在的。

差点分组法指的是以各个参赛选手的差点情况(球场差点)为依据有针对性地合理分组,以对赛事的竞争性和公平性加以维护。因为业余选手的水平存在比较大的差异,所以采用差点分组法时，具体参考以下两种形式。

(1)以参赛选手的球场差点情况为依据将其安排到各个组别参赛，高差点、低差点分别集中分组，每个选手都在与自身水平相差不明显的组里参加比赛，这样比赛才更均衡、公平。

(2)以选手的球场差点情况为依据，将水平相对较高的低差点参赛选手设定为每个组的“种子选手”，然后采用抽签对位的方法确定其余选手的组别。

4.特殊情况下的分组法

这种分组方法比较特殊，存在于上述三种分组方法之外。与前三种分组方法不同，这种分组方法不是以每个选手的差点、水平等“实力”因素为依据来分组，而是以娱乐性、表演性等其他“非赛事”因素为依据来分组。在各种邀请赛、表演赛、联谊赛等比赛类型中经常会用到这种分组方法。

二、比洞赛与比杆赛的计分方法

(一)比洞赛的计分方法

对比洞赛分数进行计算时，要以杆数作为基础。具体就是以每个洞为一个单元来决出胜负，每洞杆数最少的一方就是该洞的赢家。在赛事规定的洞数中，如果参赛一方领先的洞数比未打的洞数多，则胜负就很明显了，本场比赛就可以结束了，领先一方就是获胜者(如果是业余球员比洞赛，则必须打完规定比赛之洞数)。

例如，参赛选手 4 名，规定洞数 18 洞，每个选手的责任洞数为 18/4，即 4.5 洞，也就是每个选手必须赢 4.5 洞，才能打成平手，如有选手赢了 6 洞，那么其实只是赢了 1.5 洞，因为 4.5 洞是基本责任洞数。

比洞赛中，使用表述方式比较独特。假设参加 1 对 1 个人比赛的是球员A和B,在第一洞比赛中,A击出的杆数比B少,于是该洞的胜利者就是A,此时用“A领先1洞(A1up)”来表述这个结果,如果以B作为主语,则用“B落后1洞(B1down)”来表述比赛结果。这样在一轮比赛中,选手在每个洞都会决出一个小分,最后当一方参赛选手占有绝对的领先优势,且不可能被其他选手超过时,就结束这一回合比赛。这时记录胜利方的领先洞数(X)和剩余球洞数(Y),并用“X and Y”来表述。

例如,当一方球员经过几轮比赛后,领先另一方4洞,但只有3个剩余球洞,显然这方球员赢得了胜利,此时用“某某以4and3获胜”来表述这个结果。当一方球员的领先洞数与剩余洞数相等时,用“等洞方”(Dormie)来表述,意思是这方球员在剩下的比赛中基本上可以安心等待最后的胜利了,见表2-12。

表2-12 高尔夫比洞赛的计分实例

球洞	标准杆	A球手杆数	B球手杆数	分数
1	4	4	4	平手(Even)
2	3	3	4	A1up
3	4	4	4	A1up
4	5	4	6	A2up
5	5	5	4	A1up
6	4	4	4	A1up
7	4	4	6	A2up
8	3	3	3	A2up
9	4	3	3	A2up
10	5	4	5	A3up
11	3	3	3	A3up
12	4	5	5	A3up
13	5	5	5	A3up
14	3	2	4	A4up
15	4	4	4	A4up

续表

球洞	标准杆	A球手杆数	B球手杆数	分数
16	4			
17	4			
18	4			
Σ	72	57	64	A4and3

在表2-12情况中，经过15洞比赛后，A选手领先B选手4洞，即使剩余3洞都没有成功进球，B选手也不可能扭转战局，此时可结束比赛，A选手获胜，比分记录为“4and3”。

在比洞赛中，并不会累计每一洞的杆数，所以总杆数的概念在比洞赛中是不存在的。因此，当某一洞比赛中，一方选手如果基本上可以确信对手有可能在击出下一杆后取得该洞胜利时，可主动提出认输。日本高尔夫比赛中，球手如果要放弃该洞，则需要喊出“OK”。

比洞赛的记分方法经历了以下几个演变阶段。

1. 早期比洞赛记法

早期高尔夫球游戏的主要形式就是二人比洞赛，比赛中有一位随行的记录员（marker）记录比赛成绩。记录时，用“play the odd”（打比对方多1杆数）、“play the like”（打与对方同杆数）、“play the two more”（打比对方多2杆数）、“play the three more”（打比对方多3杆数）、“play one off two”（打比对方少2杆数，即自3减1）、“being like as we1ie”（一洞打完后之同杆数）等先后进行说明。以各洞最后“play the odd”（打比对方多1杆数）者输洞。由于这种计分方法较为复杂，所以在后来的比赛中已经渐渐放弃了这种方法。

2. 逐洞计算双方胜负洞数

如果选手A赢1洞，则记为A one up，也可以B作为主语，记为B负（B one down）；如果赛至6洞，A对B获3胜2和1负，合计应记为A1胜(A one up),而3比2是错误的表述,在一洞双方同杆数为和或平手(halved或even或square),若干洞后依然没有胜负之分时,即为平手(even或sqaure)。

3.赛毕胜负记法

赛程至一方赢洞数比剩余洞数多时结束,因为胜负已经很明显了,所以不必继续打未打的洞。

例如,18洞的比赛,至16洞选手A已胜选手B 3洞,此时表述为A以3比2胜B,也可以表述为赢3洞剩2洞;胜3洞免2洞;胜3洞余2洞等,这些说法都可灵活运用。如果选手A胜选手B 6洞,剩余洞数也是6个,赢洞数与待打洞数相同,此时称为赢洞与剩余洞数一样(dormie),如果选手A再胜选手B 1洞,则为7比5;如果平选手B 1洞,为6比5;如输选手B 1洞,则仍为dormie,如赛至第17洞选手A领先选手B1洞,A再赢1洞,则说明A胜B 2洞(A won by two holes),如最后1洞双方打成平手,则选手A胜选手B 1洞,如输最后1洞,则双方完全平手(all square)。

4.延洞赛后胜负的记法

如果参赛选手打成平手,即输的洞数和赢的洞数相同,就需要加洞或延长赛(play-off)。早期会安排选手重新打规定洞数为18洞的一个回合,然后决出最后的名次,之后只是加赛3洞,如果胜负仍然没有结果,则再加赛3洞,直到分出胜负后结束最终比赛。

而近20年来,不规定洞数的骤死延长赛(sudden-death play-off)被广泛运用到比赛中,先赢1洞的选手为胜者,在18洞赛后延长赛的第一洞洞号为第19洞,依次类推。

(二)比杆赛的计分方法

1. 总杆计分法

总杆计分法指的是在结束规定轮次的比赛之后，把选手在每一轮每一洞的杆数加起来，得出总数，这就是该选手的总杆数(Gross Score)，然后以总杆数多少为依据将赛事的冠亚军及总排名列出来。在职业高尔夫球比赛中，一般安排四轮比赛，最后依据每个选手在四轮比赛中的总杆数来排名。

在业余高尔夫球比赛中，计分不仅仅是参考总杆数这个标准，会混合使用多种计分方式。既设有总杆冠军，也设有净杆冠军。一般总杆记分法多用在差点较低的选手比赛中，净杆计分法多用在差点较高的选手比赛中。

2. 净杆计分法

净杆计分法的设立主要针对的是有差点的选手。简单而言，就是在比赛中，选手打出的实际杆数减去平时的客观差距(差点)，就是其在这次比赛中的净杆数。

下面阐述三个关于差点的概念。

(1)差点指数

差点指数是指借助美国高尔夫球协会(USGA)差点系统，以一个假定存在的球场难度为标准，计算一名球员与“标准难度”之间的差距。

(2)球场差点

选手以自己的差点指数为依据，借助USGA差点系统，计算自己在不同球场的不同差点。

(3)临时差点

临时差点是指选手在完成一轮比赛的同时，工作人员将其中的部分特定球洞选取出来作为考评对象，通过特定计算模式，计算一个数值，即为“临时差点”。

临时差点计算方法主要有梅花计算法、卡拉威计算法、贝利亚计算法、新贝利亚计算法及新新贝利亚计算法等几种。新贝利亚计算法及新新贝利亚计算法是目前最为常用的计算方法。

以新贝利亚计算法为例，按如下步骤进行。

①从该球场的三杆洞、四杆洞、五杆洞中各抽取两洞排除在外，考察剩余的12个球洞。

②提取选手在其余考察球洞的成绩，相加计算总和，得出数值A。

③数值A乘以1.5，得出数值B。

④数值B减去标准杆数（72杆），得出数值C。

⑤数值C乘以0.8，得出数值D。

用公式表示为：

临时差点＝[（12洞总杆数）×1.5－72（球场标准杆）]×0.8

第三章 高尔夫赛事竞赛规程

高尔夫竞赛的纲领性文件就是高尔夫赛事竞赛规程，主要由竞赛组织委员会或筹备组根据竞赛计划制定与实施某一项次（届）高尔夫赛事的政策与规定。完善、严谨的竞赛规程将直接影响到高尔夫赛事的进行。规程内容对竞赛活动的组织管理具有指导性和权威价值，为了能够保证竞赛顺利进行，教练员、裁判员、领队等工作人员都要在赛前充分了解比赛的规程。为此，本章阐述了高尔夫竞赛规程，分析了高尔夫竞赛规程的依据和原则，研究了高尔夫竞赛规程的内容，为举行高尔夫竞赛活动提供理论参考，为高尔夫赛事组织管理研究奠定理论基础。

第一节 高尔夫竞赛规程概述

一、高尔夫竞赛规程的概念

高尔夫竞赛的纲领性文件就是高尔夫赛事竞赛规程，主要贯彻实施高尔夫竞赛方针，实行高尔夫竞赛日程计划管理的具体细则，是竞赛的组织者和参与者共同遵守的规则。

任何一个地方要举行任何规模、次（届）或者任何层次、形式的高尔夫竞赛活动，首先就要适应高尔夫赛事竞赛规程，虽然高尔夫运动是一项自律性要求较高的运动项目，为了让参与者能够在客观条件相同的情况下公平竞赛，让运动员能够充分发挥出自己的技术战术特点，取得优异的比赛成绩，首先就要制定科学严谨的竞赛规程。

竞赛组织者要合理安排，运动员在自律的前提下，由裁判员按照竞赛规程和技术规范，对运动员进行裁决，在竞赛规程限定的时间和空间上公平竞争，达到“更高、更快、更强”的目的。

竞赛规程主要是主办单位成立的竞赛组织委员会或者是筹备组根据本次比赛的目的、任务所制定的，比赛组织者的意图贯穿在规程的具体条文中。

在制定规程的时候，任务简单，语言简洁，不能模棱两可，必要的时候可以列举案例进行说明，严谨的竞赛规程可以直接影响到高尔夫赛事的正常顺利开展。

目前关于竞赛规程概念的研究比较少，竞赛规程是由竞赛组委会或筹备组，根据竞赛计划而制定的具体实施某一项(届)赛会的政策与规定。

竞赛规程的主要内容包括竞赛的名称、目的、任务、时间、地点、举办单位或承办单位、竞赛的项目、组别、参加方法、竞赛办法、竞赛规则、录取名次与奖励、报名和报到、食宿安排、消防与安全知识及逃生路线示意图、裁判员与仲裁委员会、注意事项或未尽事宜以及本规程解释权的归属单位等。

二、高尔夫竞赛规程的价值

大型体育赛事的组织工作是一项庞大的系统工程，尤其是竞赛成绩管理工作更是赛事组织工作的核心环节。然而，随着体育赛事举办规模的不断提升，不仅体育赛事运营的成本变得越来越高，体育竞赛的成绩管理过程也变得越来越复杂，致使组织体育赛事的风险变得越来越大。

高尔夫竞赛实施过程中必须遵循的基本原则就是高尔夫赛事竞赛规程，在高尔夫竞赛开展的过程中要始终贯彻执行高尔夫竞赛方针，实行竞赛管理的具体法规。

随着计算机技术的蓬勃发展，为处理体育竞赛成绩的复杂管理过程提供了有力的解决工具，不同的体育赛事一般都设置了不同的竞赛管理规程和规则，因此，不同的体育赛事组织管理机构也都使用遵循自己的竞赛管理规程和规则管理软件系统。

在高尔夫竞赛活动开展过程中，高尔夫的竞赛规则与竞赛规程协调和制约了整个竞赛过程。但是，两者之间还有不同之处，高尔夫竞赛规则主要针对的是有关球具、器材、场地等条件的规定以及对技术的规范，而竞赛规程则主要针对高尔夫竞赛的组织和管理的规范。

高尔夫竞赛规程的价值，主要包含了三个方面(图 3-1)。

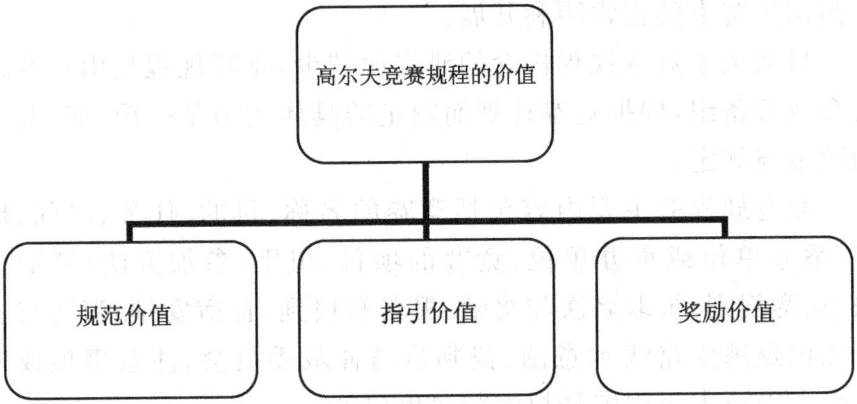

图 3-1　高尔夫竞赛规程的价值

(一)规范价值

要制定一份规范的高尔夫赛事竞赛规程，就要明确地规定出竞赛的组织形式、组织程序、竞赛办法、参加办法、奖励办法、报名、报到、竞赛日程安排、裁判仲裁机构、相关费用等组织管理和具体实施的规范，对高尔夫竞赛中的人力、物力和财力进行合理安排，有效地实施竞赛组织管理。

为了保证高尔夫比赛能够顺利进行，一份合格的高尔夫赛事竞赛规程中还会包含一系列行为规范，高尔夫运动员、教练员、领队、裁判员、球童以及工作人员等都必须遵守规程的有关规定。

(二)指引价值

在高尔夫竞赛过程中能够贯彻执行高尔夫竞赛的方针、政策,在竞赛规程中明确宗旨、办法和措施,体现高尔夫运动发展的远期战略、近期策略,有效地调整、协调、引导高尔夫运动的发展方向。

1. 为训练技术指明方向

明确各参赛者或参赛队伍训练的指导思想,为高尔夫训练技术的发展指明方向,促进训练水平的不断提高,通过规定具体的竞赛办法和竞赛规则,对技术制定出评定的规范,发挥技术导向功能,让参与者或者各个队伍能够把握运动技术规范要领,通过对竞赛项目和竞争程度的要求,促进训练手段、强度和质量的提高。

2. 促进重大赛事项目的发展

在竞赛规程中设置具体的比赛项目、参加者的条件、参与办法、竞赛规则以及奖励办法等规定,展现了赛事所具有的影响力,引导各个参赛者和参赛队伍对重大赛事项目的投向比重。

3. 加强建设高尔夫人才梯队

通过竞赛规程对年龄组的要求,规定竞赛、奖励办法等,完善高尔夫后备人才队伍的发展结构,引导各参赛者或参赛队应对重大赛事项目。

4. 树立良好的赛场作风

高尔夫竞赛规程可以通过制定竞赛、奖励、计分办法和有关纪律规定的内容,倡导运动员发扬优秀的体育道德风尚,反对、限制不良的赛场作风,保证竞赛质量。

(三)奖励价值

高尔夫赛事竞赛规程的实施过程,体现了奥林匹克精神的过程,在高尔夫竞赛中,展现了弘扬"更高、更快、更强"的体育精神,竞赛规程中所设立的奖励,其包含的荣誉感和成就感成为运动员取得好成绩的直接推动力量。过级、达标、预选、积分、分水平比赛等是激励运动员奋发向上的主要手段。

三、制定和发布高尔夫竞赛规程的要求

(一)竞赛规程与主办单位

高尔夫赛事的竞赛规程由主办单位制定,要制定不同级别的高尔夫赛事的竞赛规程,就会选择不同级别的主办单位(见表3-1)。

表3-1 不同级别的竞赛规程与主办单位

不同级别的竞赛规程	主办单位
全国性高尔夫职业或业余赛事的竞赛规程	国家体育总局小球运动管理中心、中国高尔夫球协会
大学生群体的高尔夫赛事竞赛规程	中国大学生体育协会
各个地方级别的高尔夫赛事竞赛规程	各个省、地州市的体育局或高尔夫球会
其他小型高尔夫赛事的竞赛规程	各主办单位自行制定和颁发

(二)注意合理性和逻辑性

高尔夫竞赛的组织与管理是一项复杂且具体的工作,特别是大型、高级别的赛事,涉及很多国家、部门、省份,参与的人员众多,组织工作更是纷繁复杂。

如果没有制定合理的竞赛规程,就会使竞赛中的组织和管理出现问题,甚至是混乱,导致比赛不能正常进行。因此,在制定高尔夫赛事竞赛规程的时候,要特别留意规程设计的合理性和逻辑性。

(三)竞赛规程发布前的审批

制定完小型高尔夫赛事的竞赛规程，主办单位自行批准后就可以向外界公布；制定较高级别的高尔夫赛事规程，要首先报请有关主管部门批准实施，然后再对外宣布。如果没有得到相关主管部门的批准，在比赛过程中创下的比赛积分将不被承认。

(四)竞赛规程的发布时间

普通级别的高尔夫赛事规程下达时间不能晚于比赛开始前的1～3个月，高级别竞赛规程应该在比赛开始前的半年到一年就进行公示，方便球手能够根据规程安排调整训练计划或比赛安排，为参赛做好充分准备。

对于团体性的赛事，参赛单位可以根据竞赛规程的宗旨、内容和要求，有针对性地选拔运动员，组建合适的队伍应战，确定竞赛和训练目标，积极备战。

第二节　高尔夫竞赛规程的依据与原则

一、制定高尔夫竞赛规程的依据

(一)目的和任务

高尔夫赛事竞赛规程体现了高尔夫竞赛的方针、政策和高尔夫运动发展的远期与近期策略，直接调整和推动了高尔夫运动的普及和发展。

高尔夫竞赛规程促进了高尔夫人才队伍建设，指导了比赛项目的训练，弘扬了高尔夫文化，对促进高尔夫产业发展等方面具有积极意义。

高尔夫赛事竞赛规程应该根据国际、国内乃至主办单位的有关规定以及高尔夫竞赛的要求，考虑竞赛开展的目的和任务。

（二）客观条件

将比赛过程中的经费条件、场地设施以及人员情况，作为依据，根据国内和国外高尔夫运动发展水平和趋势以及社会对高尔夫竞赛的需求状况等来制定竞赛规程。

（三）赛事计划

高尔夫赛事竞赛规程主要是多年度或者年度计划中安排某一次竞赛活动实施的具体法规，制定竞赛规程要根据主办单位、省、市及全国性、国际性高尔夫组织协会的竞赛计划来制定。具体内容可以根据实际情况的具体需要，适当进行补充和修改，但是不能改变整体的竞赛计划。

二、制定高尔夫竞赛规程的原则

为了保证高尔夫赛事的质量，确定竞赛规程能够有效实行，制定高尔夫赛事的规程要按照一定的规律，依照特定的原则，让竞赛规程能够更加科学、合理、有效（如图 3-2 所示）。

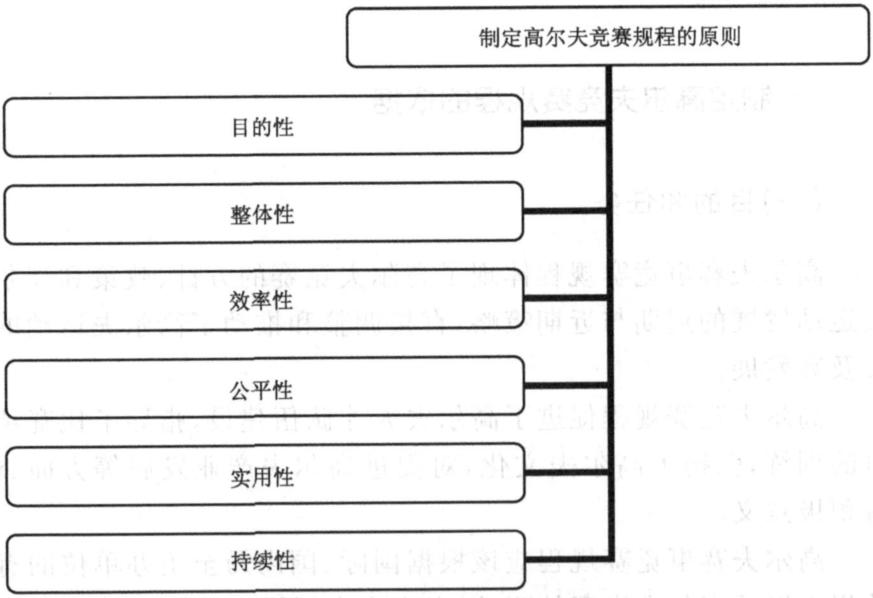

图 3-2　制定竞赛规程的原则

(一)目的性

制定高尔夫赛事竞赛规程有明确的目的性,在竞赛规程的各项规定中能够按照竞赛规程的目的和任务,如果目的不明确就会导致赛事组织与管理的混乱。规程制度要符合国情和高尔夫运动项目的实际情况,具有较强的针对性,能够反映出竞赛的层级、特点,便于运动员开展竞争。

(二)整体性

高尔夫赛事竞赛规程所控制的对象是一个整体的动态系统,并不是封闭孤立的系统,从整体出发,服从整体的同时,要建好这个系统的位置,能够从全局角度出发。制定规格比较高的高尔夫竞赛规程,紧密结合与国家颁布的方针、政策、法规,按照高尔夫赛事制度和计划,与国际相关高尔夫组织协会的有关规定和国内竞赛的有关规定等协调配套。

高尔夫竞赛规程要和高尔夫规则保持统一,坚持竞赛指导思想与竞赛办法、措施相一致,整体性直接关系到高尔夫竞赛规程能否贯彻、落实竞赛方针,是全面实现竞赛目的和任务的重要因素。

(三)效率性

制定高尔夫赛事竞赛规程要讲求效率,在竞赛的组织与管理过程中,能够使用较少的人力、物力、财力、时间,处理最多的事宜,取得最高效率。效益直接表现为实际工作(投入)、消耗和效果之间的比较,效益需要考虑事业效益、经济效益和社会效益三个方面的评价。

按照高尔夫竞赛的规律和客观实际,进行高尔夫赛事的组织和制定竞赛办法,从整体系统出发,充分发挥每个要素之间的积极作用,实施对竞赛过程的最优化设计和组合,尽量做到物尽其用、人尽其力,实现机构精简、工作效率高、竞赛效益好的效果。

(四)公平性

高尔夫赛事竞赛规程尽可能让参加者在客观条件相同的情况下,进行公平的竞赛,让同一高尔夫竞赛项目的参加者或者各个参加的组别,能够按照相同的规范和准则,在竞赛规程限定的时间和空间内公平竞争,能够发挥出运动员的技、战术特长,提高运动成绩。

(五)实用性

高尔夫赛事竞赛规程提出的比赛组织方案和内容,应充分利用现有的人力、物力、财力和时间,优化设计和组合竞赛过程,从本次比赛的实际出发,做到切实可行。制定高尔夫赛事竞赛规程的内容要详尽完整,语言简洁明了、条理分明、逻辑清晰,不要自相矛盾、含混不清。

(六)持续性

高尔夫赛事竞赛规程不仅要完善,还需要稳定性和持续性,让高尔夫竞赛规程能够始终保持其严肃和权威,高尔夫赛事竞赛规程公布后,就会处于一个相对稳定的时期,不能轻易改动、变化无常,尽管这个规程有不合理的地方,需要修改或者添加内容,都需要由制定规程的部门在比赛前进行修改。

对比赛规程进行修改会直接影响到参加单位和承办单位的准备工作,必须要征得参加单位的同意后才能修改,修改意见要慎重。比赛开始后规程一般不能进行修改,但是如果遇到一些特殊情况,比赛日遇到了台风、暴雨等不可抗拒的自然灾害天气以及其他可能预见的自然、战争等灾害事件发生时,可以对比赛进行调整,灵活处理。

规程的最终解释权应属于主办单位,要坚持比赛规程的持续性,不同的高尔夫竞赛项目规程内容之间、年度之间等应连续一致,不能前后矛盾。

第三节　高尔夫竞赛规程的内容

高尔夫赛事规程的内容主要根据高尔夫赛事的性质、目的、特点来确定，制定规程的主要内容包括以下几个方面。

一、高尔夫赛事的名称

根据高尔夫赛事规程的总任务和目的，确定好高尔夫赛事的具体名称，名称中需要包括以下要素。

(1)显示出比赛的性质。

(2)显示出比赛的时间(年份和届数)。

高尔夫赛事的名称一般用全称，比如×年中国高尔夫球职业锦标赛×站，×年中国高尔夫球业余锦标赛×站，第×届×杯中国大学生高尔夫邀请赛等。

高尔夫赛事期间的文件、宣传资料、会标等名称要保持统一。

二、高尔夫赛事的目的和任务

根据举行高尔夫赛事竞赛活动总的要求，明确本次赛事的目的和任务，如普及高尔夫运动，弘扬高尔夫文化，提高高尔夫运动竞技水平，选拔组织高尔夫运动代表队，参加更高级别的比赛，总结交流高尔夫教学过程中的经验，增加各个国家、各个参赛者的沟通和交流。

三、高尔夫赛事的时间、地点

高尔夫竞赛规程的内容应该明确练习、预赛与决赛开始和结束的年、月、日；举行竞赛的详细地点(省、市、区)的高尔夫球场和举办竞赛的单位，包括主办、协办以及承办单位名称等。

四、高尔夫赛事的参赛方式

(1)明确参赛选手的资格和标准，比如高尔夫球员的等级、年龄、性别、运动成绩、达标规定以及代表资格等。

(2)如果是团体比赛，要规定参加比赛球手(男、女)的人数，领队、教练及工作人员人数等。

(3)个人参赛可以规定参赛的球员的总人数或男、女球手的人数，以及参赛的其他规定等。

五、高尔夫赛事的主要竞赛形式

按照高尔夫赛事的目的、任务和规模，来设置竞赛项目及组别，比如男、女个人比杆赛或比洞赛、团体赛等。

六、高尔夫赛事的竞赛办法

(1)规定高尔夫比赛决定名次、计分以及积分办法。

(2)确定高尔夫竞赛采用的规则，比赛采取的主要赛制等。

(3)比赛是否分阶段进行，分阶段进行的比赛各阶段的成绩如何衔接等。

(4)规定对高尔夫球手违反竞赛规定的处罚办法(如弃权等)。

(5)公布高尔夫竞赛规则以外的特殊规定，如本地规则等。

(6)规定对高尔夫球手所使用的比赛器材、服装、鞋帽以及辅助装备等要求。

七、高尔夫赛事的报到

(1)高尔夫竞赛规程中要包含参赛队、球员、裁判长(员)、仲裁等报名和截止报名日期，参赛队书面报名的格式、份数，报名表投寄的地点、单位、日期(要注明以寄出或寄到邮戳日期为准)以及违反报名规定的处理办法。

(2)确定参赛队、球员、裁判长(员)、仲裁等报到的日期、地点、单位,以及竞赛场地地点,注明报到时应该携带的材料或物品以及违反报到规定的处理办法。

八、高尔夫赛事的录取

规定高尔夫竞赛录取名次、奖励内容、奖励名次、奖励名额、奖励办法等。

九、高尔夫赛事日常安排

通过最直观的方式(如列表等)详细注明高尔夫赛事报到、练习日、预赛轮、决赛轮的开始和结束的年、月、日、时(见表 3-2)。

表 3-2 高尔夫赛事日常安排表

时间		活动内容
10 月 27 日	15:30～17:00	报到
		提前抵达会所,选手可在会所进行签到领取比赛服装和资料
10 月 28 日	08:00～09:00	报到、练习日
		球员签到,球会会所领取比赛服装和资料。如果球员当日不能参加试场或晚上未报到,需要在报名表上注明情况
	09:00～09:30	开球仪式
	09:30～17:00	18 洞试场练习,凭试场券下场
	17:00～17:45	选手会议(规则介绍等) 参加试场的球员务必出席,如果由于当晚抵达无法试场,请在报名表上注明情况
	17:45～18:00	会议
	18:30～20:30	欢迎晚宴

续表

时间		活动内容
10月29日	07:15～07:30	选手领取消费卡，各组务必于开球前10分钟抵达发球台，开球时间未出席者视为弃权
	07:30～10:00	球员开球，两球座同时开球
	16:30	第一天比赛结束（选手可致电球会/酒店/工作人员询问第二天开球时间）
10月30日	07:15～07:30	选手领取消费卡，各组务必于开球前10分钟抵达发球台，到了开球时间未出席者视为弃权
	07:30～10:00	球员开球，两球座同时开球
	16:30	第二天比赛结束（选手可致电球会/酒店/工作人员询问第三天开球时间）
10月31日	07:15～07:30	选手领取消费卡，各组务必于开球前10分钟抵达发球台，到了开球时间未出席者视为弃权
	16:30	颁奖仪式

十、高尔夫赛事的裁判

明确裁判长（员）的选派（聘请）办法、名额分配及对裁判员的资格或等级要求，对裁判员赛前准备工作提出要求，确定仲裁委员会的组成等。

十一、高尔夫赛事其他事宜

在高尔夫的竞赛规程中可以注明赛区食宿条件、标准，交通费用开支办法等，由组委会随时修订补充，在正式开赛前以《补充规定》的形式下达各参赛单位（或个人）。

十二、规程解释权的归属单位

高尔夫竞赛规程要留有余地，一般规程解释权归属于主办单位的有关部门，如赛事组织委员会等。

如果有必要，竞赛规程可以在最后通过附件的形式注明球员注意事项、酒店与球场的交通与联系信息以及详细的竞赛日程安排等。

十三、高尔夫竞赛规程范例

以2012中国高尔夫球业余锦标赛竞赛规程作为范例，展示高尔夫竞赛规程的一般格式，所包含的内容以及相关注意事项，竞赛规程可以有效地体现出举办本次高尔夫赛事的目的，为制定相关竞赛规程提供参考。

2012中国高尔夫球业余锦标赛竞赛规程

一、主办单位：国家体育总局小球运动管理中心、中国高尔夫球协会。

二、承办单位：南山集团。

三、承办球会：南山国际高尔夫球会、中国高尔夫球协会南山国际训练中心。

四、竞赛时间：2012年9月5日—2012年9月7日。

五、竞赛场地：中国高尔夫球协会南山国际训练中心翠园球场。

六、竞赛形式：男、女个人比杆赛。

七、参加办法：

运动员须符合R&A规则有限公司及美国高尔夫球协会联合颁布的2012版《高尔夫球规则》中，关于业余身份的界定和中国高尔夫球协会教练员业余身份暂行规定。

（一）参赛总人数不超过120人。

（二）国家队男、女运动员14人。

（三）截止到8月20日中国高尔夫球协会业余积分排名男子前45位的选手，女子前20位的选手。

（四）汇丰青少年男子A组积分排名前10位选手、女子A组积分排名前8位选手，男子B组积分排名前8位选手、女子B组积分排名前6位选手。

（五）港、澳地区各推荐2位选手(1男、1女)。

（六）赞助商可推荐6位选手，承办单位可推荐4位选手，南山高尔夫运动学校可推荐4位选手。

（七）公开报名

注：符合以上各条件的选手请抓紧时间报名，如在截止日期前报名人未满，则按当时公布的中国高尔夫球协会业余积分排名顺序依次替补；如还未报满，则以公开报名顺序依次替补。

八、竞赛办法：

（一）参加比赛的运动员必须符合R&A规则有限公司及美国高尔夫球协会联合颁布的2012版《高尔夫球规则》，竞赛委员会制定的“比赛条件”和“当地规则”的要求。

（二）比赛是三轮54洞个人比杆赛。根据每名选手在三轮中的总成绩，排定每个人的名次，杆数少的人名次靠前。

如果男子组参赛人数少于50人时，不设淘汰线；如人数多于50人时，经前两轮决出前50位选手（含第50位及并列）进入决赛。

如果女子组参赛人数少于25人时，将不设淘汰线；若不超过40名（含40名）时，经前两轮决出前25位选手（含第25位及并列）进入决赛；如超40名时，经前两轮决出前30名选手（含第30名及并列）可进入决赛。

（三）如果比赛中出现第一名的总成绩相同，女子组将在第1号洞、男子组在18号洞进行“骤死式”逐洞赛决定名次。第二至第八名成绩相同时，则以最后一轮的成绩较佳者名次列前。如果仍然相同，则以决赛轮后9洞成绩较佳者名次列前。如仍然相同，则以决赛轮最后一洞开始逐洞倒计数的方式定，成绩较佳者名次列前。如仍相同，则采取抽签的方式决定名次。

九、录取名次和奖励办法：

（一）录取名次：男、女子个人前8名。

（二）奖励办法：

1. 男、女子组冠军

(1)将获得冠军奖杯、金牌、奖品、证书；

(2)可申请授予国家一级运动员称号；

(3)男子组冠军获得参加2012南山中国大师赛的资格，以及参加2013年亚太业余锦标赛的资格。

2. 男、女子组第二至第三名选手

(1)将获得银、铜牌、奖品、证书；

(2)可申请授予国家二级运动员称号。

3. 男、女子组第四至第八名选手

(1)将获得证书；

(2)可申请授予国家二级运动员称号。

注：运动员技术等级标准办法，可以查询国家体育总局相关网页。

高尔夫球项目运动员技术等级标准办法，可以查询国家体育总局相关网页。

十、裁判员和仲裁：

中国高尔夫球协会选派仲裁主任、裁判长、裁判员。

十一、报名和报到：

（一）各参赛选手于2012年8月27日前将报名表(附件1)传真至组委会(地址：南山国际高尔夫球会，电话：×××××传真：×××××联系人：×小姐或×先生)。

（二）选手于2012年9月3日到中国高尔夫球协会南山国际训练中心翠园球场报到。

（三）报到时须出具参赛运动员证明本人身份的有效证件。

十二、费用：

(一)各参赛选手差旅费、食宿费自理。

(二)报名费400元。

(三)练习日、正式比赛日打球费200元/18洞,提前一周试场380元/18洞(含果岭、球童、球车、更衣柜费用,不含小费)(入住官方酒店),580元/18洞(含果岭、球童、球车、更衣柜费用,不含小费)(未入住官方酒店)。

(四)练习场练习日、正式比赛日免费。

(五)球会自助餐50元/人。

十三、积分排名:

参加比赛的男、女选手所获得的积分,将纳入中国高尔夫球协会设立的“中国业余高尔夫球员积分排名”系统。

十四、球员注意事项及相关事宜见附件1、竞赛日程见附件2。

十五、本规程的解释权属于国家体育总局小球运动管理中心、中国高尔夫球协会。

十六、未尽事宜,另行通知。

附件1

一、球员注意事项

(一)球员报名后有义务致电赛事组委会查询报名表收到情况,对没有向赛事组委会查询报名表收到情况而造成的报名表遗失由本人承担。

(二)球员有义务赛前、赛后接受组委会安排的媒体采访。

(三)报名表经赛事组委会审核无误,从接受报名之日起自动生效。

(四)报名日期截止到8月27日,额满(报名人数120名)截止。

(五)参赛选手如有特殊情况不能及时报到者,必须事先通知组委会;无故未按时报到者,按弃权处理。

(六)赛事组委会有权使用本站报到选手在比赛和训练中的肖像权,用于任何时候对锦标赛的宣传。

二、其他事项：

（一）接机服务：

1.接机：9月3日13:30、18:30

烟台机场——中高协南山国际训练中心运动员公寓

2.送机：9月7日16:00

球场——烟台机场

注：请需安排接机的参赛选手于9月3日17:30前致电告知赛事组委会。若临时改变行程，取消接机服务，请提早一天致电取消；若无故且未电话告知赛事组委会取消，组委会将收取一定的费用。

（二）穿梭球车：

9月5日起，每天有多趟往返于运动员公寓和球场的穿梭球车，请留意公告栏的“交通时间表”。

（三）球场信息：

球场名称：中国高尔夫球协会南山国际训练中心翠园球场。

球场地址：山东龙口南山工业园区中高协南山国际训练中心。

联系电话：×××××

（四）酒店信息

1.南山国际会议中心

住宿费：480元/标间（含早餐），550元/单间（含早餐）。

联系人：×小姐或×先生

联系电话：×××××

2.中高协南山国际训练中心

运动员公寓380元/间（免费使用体能训练中心各项设施，含早餐）。

联系人：×小姐或×先生

联系电话：××××

注：请参赛选手于赛前拨打酒店电话自行预订。

附件 2

竞赛日程安排

9 月 3 日:球员练习日及报到时间(全天练习)

9 月 4 日:全天练习日

9 月 5 日:第一轮比赛

9 月 6 日:第二轮比赛

9 月 7 日:第三轮决赛及颁奖仪式

第四章　高尔夫赛事的前期策划与营销

在整个高尔夫赛事运行体系中，赛事的前期策划与营销至关重要，因为这两个方面决定着高尔夫赛事能否顺利举办，以及高尔夫赛事对整个国家或地区的影响程度如何。本章就重点探讨高尔夫赛事前期策划过程以及赛事营销的相关策略与手段。

第一节　高尔夫赛事事前评估

一、高尔夫赛事事前评估的概念

在体育赛事组织与管理中，事前评估是指在体育赛事项目的前期决策阶段，从体育赛事项目的整体角度出发，紧密结合国民经济以及与项目有关的利益主体不断发展的实际需求，多方面评估体育赛事项目和备选方案。进行体育赛事事前评估的主要目的是对体育赛事举办的可行性和优缺点等进行分析，以确定赛事组织的最优方案。一个准确、合理的体育赛事事前评估对体育赛事的顺利举办具有重大的影响。

表现在高尔夫球赛事中，高尔夫赛事事前评估就是指：在赛事举办地举办高尔夫赛事之前，对高尔夫赛事所进行的综合论证与评估，评估高尔夫赛事的举办是否具有可行性和必要性。

具体来说，高尔夫赛事事前评估是指在举办高尔夫赛事之前，决策主体深入调查、研究和赛事有关的各种资料，对可能的投资方案进行比较与分析，然后对赛事社会效益和经济效益进行评估。在此基础上，对赛事举办条件、赛事举办过程中存在的各种可能进行全方位论证，从而为赛事决策者提供必要的依据。

二、高尔夫赛事事前评估的特征

在体育赛事中，进行赛事的事前评估是尤为重要的。通常来说，高尔夫赛事事前评估的特征主要表现在以下几个方面。

（一）预测性特征

高尔夫赛事事前评估是在赛事举办之前进行的，因此，在评估时，所使用的数据资料主要有两大类：一类是指和高尔夫赛事以及举办地相关的历史数据资料；另一类是指和高尔夫赛事以及举办地相关的多方预测数据。由于该项高尔夫赛事并未举办，在对其进行事前评估时，只能运用历史数据和预测数据。在赛事评估时，所运用的历史数据与资料涉及的方面众多，包括经济、市场、社会效益等多方面。由此可见，预测性是高尔夫赛事事前评估的最为重要的特征。

（二）系统性特征

高尔夫赛事的事前评估属于对整个赛事各方面的全方位评估，因此具有一定的系统性特征。高尔夫赛事的事前评估主要包括对赛事举办条件、体育赛事与城市的契合度、体育赛事给城市带来的效益等多方面的整体评估。在进行评估时，赛事组织者要充分考虑涉及赛事项目的各种内外部因素，这些因素主要有居民对赛事的支持程度，政府的态度，举办地的政治、经济、社会环境，举办赛事的基础设施等。这些系统性要求在赛事事前评估中，要将赛事举办的基础条件和赛事效益综合考虑，要将经济效益和社会效益做到有机统一：即必须从举办体育赛事的可行性和必要性以及体育赛事的经济、社会等综合效益的角度出发，对高尔夫赛事进行综合评估。

(三)实践性特征

实践是检验真理的唯一标准,在高尔夫赛事评估中,实践也是评估赛事项目原理和方法的源泉,因此高尔夫赛事事前评估具有重要的实践性特征。在高尔夫赛事组织与管理过程中,其赛事事前评估具有一定的实践性要求。其要求主要体现在以下几个方面。

第一,要求体育赛事项目一定要来源于某一个地区社会、经济发展以及地方居民的实际需求。

第二,要求被评估的体育赛事项目一定要与举办地的政治、经济、社会等方面的条件相符合。

第三,要求体育赛事事前评估中所使用的数据必须符合实际情况,而不能主观臆造,甚至连体育赛事事前评估中的各种参数也必须来源于客观实践,而不能依赖评估者的臆造或学者纯理论的探讨。

除此之外,高尔夫赛事的评估还要遵循实事求是的基本原则,不能为了通过上级或政府的批准而将评估完全变成一种编制作业,否则就会给赛事的相关利益主体带来消极作用,不利于赛事的顺利举办。因此,高尔夫赛事事前评估的结果通常均要求进行更深层次的实践检验,甚至需要进行事后评估,进而检验其是否准确和可靠。

三、高尔夫赛事事前评估的内容

高尔夫赛事事前评估的内容主要由以下几部分组成:赛事项目运营环境评估、财务评估、社会影响评估、经济影响评估、环境影响评估和赛事综合评估。

(一)运营环境评估

运营环境主要是指高尔夫赛事项目运营中所面临的各种运

行和支持条件。运营环境评估是高尔夫赛事事前评估必不可少的内容之一。运营环境的评估不仅对项目举办的可行性有决定性影响,而且对赛事项目的经济效益、社会效益也有着重要的影响。因此,高尔夫赛事组织者一定要重视赛事运营环境的评估。

通常来说,高尔夫赛事运营环境评估的内容包括:赛事运营的各种资源条件的评估,主要包括运作团队、运作资金、场馆、电视媒体、转播技术等方面;高尔夫赛事所面对的市场条件的评估,主要包括高尔夫赛事不同市场的需求等情况;高尔夫赛事运营宏观条件的评估,主要包括国际和地方的政治法律环境条件、社会文化环境条件和赛事竞争环境评估。高尔夫赛事运营环境的评估主要是针对赛事运营所面临的各种环境条件进行的全面评估,为高尔夫赛事组织者顺利举办赛事提供重要的依据。

(二)财务评估

高尔夫赛事项目的财务评估是从项目投资者的角度对赛事项目的收入和支出情况的预测和分析。在整个评估中,所使用的主要指标包括体育赛事项目投资利润率、投资收益率等盈利能力指标。体育赛事项目财务评估的根本目的是分析和确认其在运营主体财务和成本收益方面的必要性和可行性,考察其盈利能力,为投资者的项目决策提供信息支持。鉴于高尔夫赛事项目的特征及当前我国整个体育赛事的运营环境,如果完全靠企业来运营,则盈利的可能性很小,盈利空间不是很大。再加之高尔夫赛事项目的筹备期并不长,财务相对比较简单,因此与其他方面的评估相比,财务评估显得并不是那么重要。

(三)经济影响评估

高尔夫赛事的经济影响评估主要是从举办国家或城市的角度出发,对该项赛事可能产生的经济影响所进行的评估。由于高尔夫赛事具有较强的外部性特征,它对举办城市具有一定的推动经济发展的作用,因此高尔夫赛事成为众多城市举办体育赛事的重要选择。实际上，评价一个体育赛事项目的优劣首先要看该项目对城市和社会发展所做贡献的大小。因此，高尔夫赛事经济影响评估是一项非常重要的工作。

(四)社会影响评估

高尔夫赛事的社会影响评估是指对因赛事举办而对城市的社会心理、社会价值观、社会政治等方面产生的影响进行的分析与评估。一项体育赛事的举办对城市发展而言具有重要的影响，因此说高尔夫赛事与城市社会生活之间的联系非常紧密，社会环境对高尔夫赛事的成本与效益产生一定的影响。因而，对体育赛事项目不仅要进行经济方面的评估，还要对其对城市的社会影响进行评估。高尔夫赛事对举办地社会的影响面较广，这些影响既可能是定量的，也可能是定性的。高尔夫赛事社会影响评估包含的内容也较多，且具有多目标性和多层次性的特点。赛事组织者在进行赛事社会影响评估时要立足于“突出重点”的基础之上，结合高尔夫赛事项目的特点，充分重视评估的主要内容及其选择与确定。在高尔夫赛事项目的社会影响评估中要根据项目社会影响评估指标的权重安排评估内容，并且要首先对具有“一票否决”权的评估内容进行评估。在特殊情况下，只对重要指标和内容进行分析预测和测算，而对于那些次要的评估指标，可以不做评估。

(五)环境影响评估

高尔夫赛事环境影响评估是指在赛事举办之前，预测该项赛事可能给自然环境带来的影响，然后做出全面、科学的分析，最终利用分析的结果来指导赛事工作。一般情况下，除了需要大量新建场馆的体育赛事项目，以及滑雪、汽车越野等与自然环境关系较密切的赛事需要重点考虑外，其他赛事关于环境影响的评估并不是那么重要。

(六)赛事综合评估

体育赛事事前综合评估是在上述各专项评估的基础上对赛

事进行综合分析，并提出结论性意见，给决策者提供一个简明直观的判断依据的评估。对体育赛事项目从整体上进行综合评估，形成一个科学的评估意见是十分重要的。体育赛事事前综合评估要遵循科学性、客观性、导向性、可行性原则。在体育赛事事前综合评估中，要基于系统的分析比较、综合集成原理，按照定性与定量方法相结合、专家与决策者相结合、经验与现代数学方法相结合的原则，选择合理的综合评估方法。

总之，高尔夫赛事事前综合评估，绝不是一个随意简单的事情，而是一个主客观信息综合集成的复杂过程。作为赛事组织与管理者一定要掌握赛事评估的方法，对赛事做出准确的预测与评估，为高尔夫赛事的顺利举办提供重要的保障。

四、高尔夫赛事事前评估的标准

一般来说，任何方面的评估都要有一定的标准，否则评估工作就无法进行。高尔夫赛事事前评估作为评估主体对赛事项目与价值主体需要之间的价值关系的评判，在评估过程中也要掌握一定的标准，把握评估的尺度。要评估主体对赛事项目做出正确的价值判断，就必须符合评估标准的要求，而评估标准选择的正确与否又直接决定着评估活动的成败。马克思曾经指出："动物只是按照它所属的那个种的尺度和需要来改造，而人却懂得按照任何一个种的尺度来进行生产，并且懂得怎样处处都把内在的尺度运用到对象上去。因此，人也按照美的规律来建造。"在高尔夫赛事评估中，评估主体的评估活动是一种特殊的认识过程，它是建立在实践基础上的合目的性、合规律性的统一。下面就结合高尔夫赛事的具体特点，分析高尔夫赛事事前评估的几个标准。

（一）合目的性

合目的性是指高尔夫赛事事前评估活动与社会公众及其现实需要相符合的性质。赛事组织者在进行评估的过程中，必须要以“内在尺度”来评判赛事举办的必要性，“内在尺度”即社会公众的一定需要和目的。只有与社会公众的利益相一致、满足了价值主体的一定需要和目的，为社会公众所肯定和认同的赛事项目，才有举办的必要性和价值（正价值）；而与价值主体的利益、需要和目的相冲突、相排斥，则往往被主体视为没有举办的必要或没有举办的价值。因此说，只有举办的高尔夫赛事能满足主体的合理需要才有举办的价值和意义。

（二）合规律性

所谓合规律性是指高尔夫赛事事前评估活动与项目的本质和规律相符合的性质。在高尔夫赛事事前评估中，评估主体还必须以“外在尺度”来评判赛事是否具有举办的可行性和必要性。“外在尺度”即体育赛事项目与举办地自身的本质和规律性。它对价值主体的需要和目的有着重要的影响和制约。客观要求评估主体在赛事事前评估中不能仅仅以价值主体的需要和目的作为评估的唯一标准，同时也应尊重赛事项目本身的本质和规律，评估主体对赛事项目属性的需求，必须与体育赛事自身的本质和规律性相一致。

（三）来源于实践

高尔夫赛事评估的标准必须要来源于实践，这可以从两个方面进行解读：一方面，高尔夫赛事评估的主要要素都是存在于社会实践之中的。评估的主体必须是现实中的、具体的人。高尔夫赛事项目本身是进入人的实践活动范围的特殊实践，而赛事项目的价值属性也是价值主体在赛事运营实践中创造的。另一方面，高尔夫赛事本身的价值是在具体的实践活动中实现的。人们在赛事运营的具体实践中创造了赛事价值，赋予了体育赛事项目以价值属性，同时也必须进一步在赛事运营实践中实现其价值，使其由“潜在的价值”转变为“现实的价值”。

第二节 高尔夫赛事策划

一、高尔夫赛事组委会的设置

赛事组委会的设置是举办高尔夫赛事的重要保障。组委会的主要任务包括制定目标、实现目标的策略以及如何治理赛事等，因此高尔夫赛事策划一个最为重要的步骤，就是组建赛事组委会。

在高尔夫赛事举办过程中，组委会起到举足轻重的作用，其作用发挥可谓贯穿整个赛事的始终，因此一定要重视这一环节。

二、高尔夫赛事目标设置

高尔夫赛事目标的设置主要包括以下五个方面的内容。

(1)高尔夫赛事的规模(如到场人数、工作人员数量、志愿者数量等)。

(2)高尔夫赛事的地点。

(3)高尔夫赛事的声望与市场地位。

(4)高尔夫赛事市场营销组合。

(5)高尔夫赛事财务管理。

以上五个方面对高尔夫赛事的战略规划尤为重要，在设置赛事目标时要综合以上五个方面合理地确定。

三、高尔夫赛事可行性分析

(一)宏观层面的环境条件分析

宏观环境条件实际上是对拟申办或举办赛事的可适性进行

分析。在分析的过程中，要对赛事举办地的经济、政治、社会与文化等全方位分析。涉及的赛事宏观层面的环境条件主要包括以下方面。

1. 赛事举办地人口状况

赛事举办地的人口状况，主要包括人口的构成、财富状况以及人们对新事物的接受程度等。

2. 志愿者与相关人才等储备

高尔夫赛事活动的顺利举行，在一定程度上依赖于志愿者的数量和质量，良好的志愿者及相关人才储备能有效地节省成本和调动举办地居民的参与性。因此，举办高尔夫赛事一定要重视志愿者的选拔与培养工作。

3. 社会公众支持

在举办高尔夫赛事之前，还要调查当地社会公众的支持程度。对当地社区公众对赛事期望性的调查了解也是很有必要的。从根本上讲，这是一个评估公众对赛事的支持或接受程度的过程。公众的支持对体育赛事的举办至关重要。因此，在社区内就提议举办的赛事给社区所带来的利益进行尽可能广泛和公开的讨论。这个过程对于那些依赖公共资源与资金的大型赛事尤为重要。

4. 政治与意识形态

高尔夫赛事的申办与举办通常是一个政治事件，政治力量会参与其中并成为决定性力量。许多赛事由于其公共性和公益性特点，组织运作具有高度的政治敏感性。体育赛事的规划也是一个政治过程，或者是一个政治博弈过程。这一点对于那些公共体育赛事活动来说尤其重要，因为这些赛事通常需要公共资金与资源。国际性大型体育赛事会涉及国与国之间的政治关系。举办国与参赛国之间在政治体制与意识形态等方面的差异很多时候也会影响赛事的正常举办。

5. 整体经济状况

高尔夫赛事组织者需要分析是否对赛事举办负担得起成本。这实质上是指对赛事的可支付性或财务上的可行性进行分析。赛事申办或举办组织者对成本与利润应有一个初步的估算。这个过程本身对于一些小型赛事来说相对较低，但对于大型赛事来说则有可能很高。不过，只要所有潜在的利益群体都确信赛事的效益能超过成本，则实施起的风险不大。

6. 赛事举办的竞争环境

体育赛事组织者通常可以从四个方面分析其潜在的竞争对手并确定自身在竞争市场中的地位。第一，供应商的议价力，即赛事组织者或市场营销人员是否能够以可支付和合理的价格购买到产品或服务。第二，购买者的议价力。高尔夫赛事市场营销人员对购买者议价力的掌握，就是有能力知道在什么价格水平下这种价格敏感性会起作用。第三，新参赛者，指有可能流失到可以提供相似体验机会的赛事的市场份额。第四，可替代性产品。如果替代性产品或服务能够提供让消费者更为满意的体验，或者满意水平相当但是对手以更低的价格提供，那么这些替代性产品也是一个威胁。

7. 市场条件

可行性分析阶段的市场条件分析工作具有较大的宏观性或战略导向性。这里的“市场”不仅包括赛事的一般消费者，也包括参与者、社会公众、赞助商、供应商以及中间商等。简单地说，就是指需要分析赛事的举办是否会受到关注或引起人们的兴趣。在“市场导向”的经济环境中，要充分分析赛事市场需求总体状况，包括赛事活动参加者的大致数量、地区分布、参与者消费活动等。

(二)赛事举办地的资源条件

在不同规模的高尔夫赛事中,所需的资源条件也有很大的差异。一般来说,赛事的资源条件主要包括以下七个方面。

1.赛事举办地基础设施建设

城市基础设施是城市生存和发展的物质基础和先决条件,也是高尔夫赛事运行的物质基础。一般来说,城市基础建设主要包括供水、燃气、集中供热、公共交通、道路桥梁、排水、防洪、园林绿化、市容环境卫生和其他行业。

2.体育场馆设施条件

良好的体育场馆设施条件是举办体育赛事的直接前提和基本条件。通常情况下,每一项体育赛事都会因为项目自身的需要或者赛事所有权方的要求而对体育赛事的比赛场地有一定的要求。根据赛事的实际情况,体育场馆设施方面资源条件通常需要从场馆观众容纳数、场馆场地性质、场馆场地规模等方面进行分析与设计。

3.举办赛事所需资金

资金是举办高尔夫赛事最为直接的决定因素。某个国家或地区举办大型的高尔夫赛事需要有大量的资金投入,否则就无法保证赛事的顺利进行。因此,在举办赛事前就要准备好赛事所需的充足资金,资金来源可以由政府拨款和社会赞助等形式获取。

4.媒体转播条件

从赛事前期的宣传、赛事中的现场直播到赛事后期的新闻编辑发布,都需要转播媒体多方的配合。对赛事转播条件的分析主要从转播团队的经验与能力、转播技术、转播设备、信号制作标准、传送技术等多个方面进行。

5. 接待条件

接待条件主要包括宾馆级别、接待容量、地理位置以及服务人员的服务水平与技术等。

6. 安保条件

安保是赛事成功举办的根本保障，也是赛事成功的标志之一。赛事安保工作的风险程度非常高，安保条件成熟与否应考虑在是否能够成功举办大型赛事的范围之列，包括安保技术、设施与设备以及相关人员与团队的工作经验等。

7. 赛事运作经验

赛事运作是指赛事主办主体通过行使管理职能对赛事投入的人力、物力、财力和信息技术等进行合理的使用和分配，有效率和有效果地创造出竞赛产品和相关服务，从而达到赛事目的和目标的过程。在高尔夫赛事中，赛事运作是举办赛事的核心与关键环节，是赛事资源充分发挥效益的前提条件。由于高尔夫赛事运作涉及各个复杂的环节，一个优秀的赛事运作团队或者丰富的赛事运作经验，就成为赛事项目成功的关键。因此，选择具有丰富经验的赛事运作团队是非常重要的。

四、高尔夫赛事计划的制定

（一）高尔夫赛事计划制定的要素

1. 赛事概述

在进行高尔夫赛事概述时，应当运用简洁精练的语言，全面立体地对上级领导或者赛事赞助商，介绍之前赛事的组织情况和当前赛事的运营状况。

2.组织目标

在高尔夫赛事管理中，赛事管理目标对赛事计划中不同部分的内容发挥着基准与统领作用，属于制定体育赛事计划的先决条件。在管理体育赛事的具体过程中，一定要对确定体育赛事目标这一工作进行重点关注，促使体育赛事目标发挥出更加广泛的激励作用。通过确定清楚明了的赛事管理目标，以保证赛事的成功举办。

3.范围计划

高尔夫赛事计划贯穿赛事运营的全过程，是一项与体育赛事组织的全部部门以及全部成员息息相关的一份工作方案。当赛事管理目标被确定之后，需要对达成目标要完成的各项工作有一个清晰的把握，即对体育赛事管理的范围有一个清晰的把握。对体育赛事计划的范围确定之后，为了能够有效避免计划的内容出现遗漏，从而对体育赛事运营进度做到全方位的控制和评估。与此同时，通过对相关工作的合理分析，对相关责任的合理分配，为了能够保证体育赛事运动在启动阶段关系清晰、次序明了，尽可能避免在运营的规划期出现不必要的失误。

4.进度计划

高尔夫赛事进度计划对其落实组织和评估进度具有直接性影响，主要内容包括赛事各个工作的开展顺序、开始时间、完成时间以及相互联系的关系等。进度计划如果安排的不合理，就会对人力、财力以及物质资源的分配产生直接性的消极影响，因此赛事组织者要加以高度重视。

5.资源计划

对开展各项工作所需的人力、财力和物力等方面的资源进行确定的计划，即体育赛事的资源计划。人力资源计划主要是对人力资源的来源和分配问题予以解决；财务资源计划主要是对体育赛事的收入和支出进行提前预测；物质资源计划主要是对体育赛事的场地、设备以及配套服务设施等资源的供给问题与分配问题予以解决。

6. 风险管理

在高尔夫赛事举办过程中，通常会出现一定的风险，这是不可避免的，因此，加强赛事的风险管理是尤为必要的。利用加强管理等多种手段可以在最大限度上避免某些风险的发生。作为高尔夫赛事的运营方，在制定体育赛事的计划时，必须要充分考虑各种可能的危机事件并制定出对应的解决方案。

（二）高尔夫赛事计划制定的原则

1. 目的性

计划具体是指在体育赛事没有举办之前，对整个体育赛事进行组织和运营的整体方案。体育赛事的组织目标是所有体育赛事制定计划的过程中必须紧紧围绕的。目标属于体育赛事计划各部分内容的基本标准和重要统领，倘若未制定目标或者目标模糊不清的体育赛事计划，最终都将演化为形式主义，有时可能会由于目标模糊造成体育赛事运营团队的成员之间出现各种矛盾。当开始进行体育赛事计划时，首先需要有十分明确的总体目标，同时应当依照总体目标制定出与之对应的子目标。通过对各个子目标的高效完成，来逐个完成体育赛事运营过程中的各项任务，从而最终完成体育赛事的整体目标。

2. 系统性

一系列相关的子计划共同组成的一个极为庞大的系统，即体育赛事计划。一系列相关的子计划在具有其组织相对独立性的同时，又和整体计划关系紧密、彼此制约、相互影响。当体育赛事的子计划发生变化时，通常会影响体育赛事计划的实施过程。制定体育赛事计划应当紧密联系体育赛事的特点，应当对体育赛事项目存在的基本特征进行充分的反映，进而保证体育赛事计划的各个部分处于协调状态，最终成为一个有机整体。

3. 动态性

从申办环节，到计划环节，再到最终的组织举办环节，通常都需要较长时间的组织和讨论过程。在对计划进行具体实施的过程中，实际状况和赛事计划不相符合的情况时有发生，因此在计划的具体实施过程中，应当按照体育赛事运营的内部环境和外部环境出现的变化，对体育赛事施以动态性管理，进而促使体育赛事计划和体育赛事整体目标以及实际状况相适应。

4. 完整性

完整性属于体育赛事计划中的一项关键性要求。倘若体育赛事计划存在不完整问题，则在体育赛事运营的实际操作过程可能会出现许多无法预测的风险，同时还会对人、财、物的整体安排产生消极影响。倘若在体育赛事计划中某项工作被遗漏，在实施过程的重新安排极易导致各个部门人、财、物的分配被打乱，进而可能给体育赛事的运作带来非常大的损失。在体育赛事计划的具体制定过程中，必须将体育赛事运营过程中的方方面面都充分考虑进去，进而给可能发生的风险预留一定的处理余地，增强赛事计划的弹性，从而在赛事计划的具体实施过程中更加游刃有余地应对各种突发事件。

5. 相对稳定性

高尔夫赛事计划的动态性特征，是指能够保障赛事运动的整体目标和实施过程中实际情况相符合。赛事计划充当着整个体育赛事组织工作基本风向标的角色，各部门与各成员均应当根据体育赛事计划准备和布置具体的工作。倘若体育赛事计划总是出现过大的变化，则会对确定整个组织规则产生消极影响，进而使体育赛事计划变成一纸空文，同时还可能引发组织内部各个方面的矛盾。

(三)高尔夫赛事计划的制定程序

1.计划的主要内容

一般来说，高尔夫赛事计划的主要内容包括：赛事的名称及组织机构的表述，赛事的背景与“亮点”的规划与描述，主题与指导思想的表述，赛事内容、规模与安排的表述，赛事资源与取得资源方法的表述，整个赛事中的大型活动、主题活动、相关活动的表述和其他表述等，均属于赛事计划的主要内容。

2.计划的工作流程

当制定赛事计划的人员达到工作岗位之后，需要做以下工作。

(1)做好赛事的调查与分析工作，其主要工作内容有政府意志与行为调查分析与亮点分析，举办地社会、经济、文化、教育、生活状况、交通等社会、城市功能与能力和气候等因素调查与分析。

(2)需要对赛事进行准确定位，其主要内容是围绕党和政府的方针、政策、决策的研究与活动结合定位，对提升赛事规格的定位，对赛事关注度、影响度的定位，对达到赛事经济效益和社会效益的定位，对赛事筹备组织工作中的各个环节的定位，对赛事中的各项重大活动主题的定位，对赛事的组织机构与人员的组成定位等。

(3)需要对赛事做初步论证，主要由计划工作小组内部论证、所涉及的相关部门领导讨论与论证、高一级领导论证、筹委会办公会讨论与论证等。

(4)拟定赛事计划的整体结构。当深层次的讨论分析结束后，制定体育赛事计划的工作人员需要制定出更加具体的体育赛事计划，并交给专家论证及赛事运作管理机构领导、赛事主办单位领导审核，依照相关专家和领导的审核建议对计划进行修订，最后完成赛事计划定稿，正式提交给赛事运作管理机构。

第三节 高尔夫赛事营销

利用媒体对高尔夫赛事进行宣传、搞好高尔夫赛事的公共关系活动等都可以作为高尔夫赛事市场营销的有效策略。下面重点就这两种策略展开具体研究与分析。

一、加强高尔夫赛事的媒体宣传

（一）建立并维护与媒体的良好关系

发展到现阶段，我国高尔夫赛事市场运作管理正在不断向市场化、社会化的方向迈进，为了使体育赛事能够“为人所知、为人所盼、为人所赞”，赛事运作管理机构在通过对媒体力量的运用来传播与营销赛事时，主要的工作就是要与媒体建立良好的关系，并维护好这段关系。这一工作的顺利开展需要从时间、时机、载体、服务四个关键因素入手。

1. 时间

高尔夫赛事运动管理机构或主办单位在与媒体建立良好的关系，并对这段关系进行维护时，需要重点考虑时间因素，也就是这段关系的建立与维护需要花费的时间数量。管理机构需要花费多长时间来与媒体建立关系，维护关系，对此我们很难确定。实际上来说，这一时间数量是一个变量，会受到赛事、媒体、主办单位等众多相关因素的影响。然而，可以肯定的是，管理者或管理机构很有必要花费一定的时间来结识媒体人员，与之建立良好的关系，并通过一些时间来维护关系。

全国运动会这样的大型体育赛事是由政府主办的，报道各代表团赛事情况是许多媒体记者的准官方任务，但即便如此，赛事运作管理者仍然要主动结识各媒体，与其保持良好的关系。因为这一关系的建立，能够使媒体去积极、主动、正面地报道与宣传赛事，如果赛事中有突发事件出现，管理者也比较容易与媒体沟通。对于商业赛事而言，与媒体建立良好的个人关系更应该是赛事运作管理机构做的重要工作。因为只有建立了良好的关系，才可能在比赛开展时成功邀请到重要的核心媒体，促进赛事的曝光度的增加，提高对赛事的传播与推广，从而吸引观众。

综上所述，不管赛事运作机构是哪种性质，不管是举办何种体育赛事，管理者都有必要利用一部分时间与目标媒体建立关系。需要注意的是，与目标媒体建立关系不仅仅是在赛事开始前需要做的工作，在赛事运作全过程中，都要花费一定的时间来不断地对这一关系进行有效的维护。

2.时机

这里的时机主要包括两方面的内涵，一方面是指赛事运作管理机构应该选择最恰当的时间来联系媒体，与之建立良好的关系，并加以维护，另一方面是指赛事举办的整个过程中，应充分考虑媒体的需求，顺利完成赛事报道工作。

3.载体

载体是高尔夫赛事运作管理机构与媒体之间沟通和交流的中介。载体不仅包括赛事运动管理机构向媒体记者提供的赛事宣传素材（视频资料、新闻稿等），也包括面向媒体记者举行的新闻发布会、记者见面会等相关活动。在高尔夫赛事运作管理中，只有选择适宜的载体，才能保证信息的良好沟通，从而保证赛事的顺利进行。

4. 服务

高尔夫赛事运动管理结构要建立与维护和媒体之间的良好关系，还需要将对媒体记者的接待服务工作重视起来。一般来说，赛事运作管理者需要向媒体提供的服务，不仅包括工作上的技术支持服务，也包括生活上的个人支持服务。

(1)对媒体的个人支持主要包括提供优质住宿、比赛场馆内记者席位、记者休息室设施和免费饮料等服务，可能还要以赛事日程为依据来为媒体记者提供饮食服务，为一日三餐或四餐做好准备，还要对短程交通车辆进行安排，确保媒体记者可以顺利往返于驻地和赛事比赛场地之间。

(2)对媒体的技术支持主要包括向媒体提供电脑、电话、复印机、闭路电视等采访报道的设施、设备。

(二)制作并提供赛事媒体宣传素材

1. 赛事媒体宣传素材的内容

体育赛事运作管理机构向媒体提供的宣传素材主要包括以下内容。

(1)赛事基本资料

赛事基本资料就是介绍赛事基本情况的资料。资料中的信息主要有赛事的发展历史、赛事的主要领导、赛事的组织机构、赛事项目的设置、赛事的名人轶事、赛事场馆的分布、赛事的志愿者数量、赛事的商业合作伙伴、赛事的主转播商、赛事的日程安排等。

(2)赛事的竞赛资料

赛事竞赛资料指的是赛事竞赛组织及进行情况，这部分内容在体育赛事媒体宣传素材中最为关键，是所有内容中的核心部门。其主要信息有赛事的竞赛日程安排，竞赛抽签分组安排，运动队的具体情况，比赛规则，运动员、教练员、裁判员的基本信息，比赛得分情况，最终比赛结果，奖牌数量与排行，比赛奖励与惩罚情况等。

(3)赛事相关活动的资料

在高尔夫赛事中，竞赛是关键，但是与之相关的各种庆典或娱乐活动也非常重要，这些活动的举办能满足特定群体的需求，因此也要对这部分内容进行重点宣传。在开展每项活动前，尽可能详细地将活动相关资料(活动时间、地点、程序、参与人员等)及新闻通稿提供给媒体。

(4)记者报道工作的相关资料

记者报道工作的相关资料主要指的是不属于媒体直接宣传报道的内容，但对媒体记者报道工作的进行很有利的赛事信息。例如，接待记者的规则、记者报到注意事项、记者食宿问题、记者交通问题等。

2.制作并提供赛事媒体宣传素材的原则

(1)尽可能提供足量的赛事基本资料、竞赛资料和相关活动资料，且确保资料信息的准确性，并要有一定的深度。

(2)注意控制赛事运作的商业化程度，应将公正客观的赛事信息提供给媒体。

(3)不能提供虚假的素材和信息，否则就会影响赛事形象，造成损失。

(4)建立提供赛事宣传素材的渠道与方式，确保方式的正规与渠道的畅通。

(5)做好对外宣传信息发布审核批准制度的建立工作，不管是面对媒体，还是在赛事自有广告上直接刊载的文字内容，都要严格对其进行审核。

(三)建设新闻中心与广播电视中心

1.建设新闻中心与广播电视中心的步骤

(1)开展需求及技术调研

前期准备工作主要是开展需求及技术调研，即调查与统计媒体记者的类别、数量、不同需求，并详细分析技术可行性。

(2)设计方案

设计方案指的是在了解媒体记者基本信息和分析技术可行性的基础上，总体规划新闻中心与广播电视中心的选址、构造及布局。

(3)进行实体建设

实体建设指的是建设新闻中心与广播电视中心的场地，并按照一定的需求进行改造与装修。

(4)采购或租借设备

以新闻中心与广播电视中心建设的整体方案为依据，将设备清单详细列出，主要设备有办公家具(讲台、桌椅、摄影台、背景板等)、办公设备(电脑、电话、传真机、扫描仪、复印机等)、音频视频设备(音响、电视、投影仪、麦克风)等。在配置设备时要力求节俭与实用，可以综合使用采购、租借及调用等方式。

(5)安装与调试设备

按设计方案安装好新闻中心与广播电视中心的设备后，要开始测试所有的技术环节，使设备能够正常工作。同时，也需要开展对新闻中心与广播电视中心的整体运作的试运行工作。

(6)建设制度

确保规范化运作新闻中心与广播电视中心是建设制度的目的。需要建立的相应的配套制度主要是《新闻中心新闻发布会制度》《新闻中心管理制度》《新闻中心应急预案》《新闻中心运作与服务指南》《广播电视中心管理制度》《广播电视中心应急预案》《广播电视中心运作与服务指南》等。

(7)培训相关人员

人员培训主要是指培训新闻中心与广播电视中心技术人员、培训管理人员、培训一般工作人员，同时还要重视志愿者的培训。

(8)运作监控

在高尔夫赛事运作的过程中，必须要随时监控新闻中心与广播电视中心的运作。

2. 建设新闻中心与广播电视中心的建议

在建设体育赛事新闻中心与广播电视中心的过程中，需要注意以下几点要求。

(1)要以高效传递赛事信息为目标

在新闻中心与广播电视中心配备相应的设施和设备，目的就是最大限度地帮助媒体记者对赛事信息有一个快捷、全面、准确的了解，并在对这些信息进行加工创作后向各个媒体传送，使媒体能够及时报道与宣传体育赛事信息。

(2)与媒体机构要及早沟通与交流

在高尔夫赛事营销中，有必要对新闻媒体的实际工作需要进行了解，并听取他们对新闻中心及广播电视中心建设的意见及建议。这能够促进体育赛事运作机构更好地对赛事的有限资源进行合理配置与利用。

(3)慎重选择设备及技术供应商

新闻中心与广播电视中心所涉及的工作技术性和专业性都很强，用到的也都是网络、电脑、光纤、通信等技术要求高的设备，通常对设备的安装、调适，对新闻中心与广播电视中心的实体建设需要由专业的设备及技术供应商完成。为了从技术上充分保障新闻中心及广播电视中心的顺利运作，在对设备及技术供应商进行选择时，需要考虑的最主要的衡量标准就是设备质量与技术水准，同时还要注意考量供应商提供后续服务的意愿及能力，服务赛事的经验也是对供应商进行选择时需要重点考虑的因素。

二、搞好高尔夫赛事的公共关系活动

(一)设置组织机构

公共关系活动部门通常设置在体育赛事运作管理机构内部，这一部门主要负责策划、组织与执行赛事各种公共关系活动。在高尔夫赛事组织中，需要以活动的具体数量及规模为依据设置机构的大体规模。

（二）配置人力资源

高尔夫赛事的人力资源配置，通常由内部工作人员来负责策划、组织与协调等活动，而由专业公司来负责完成大部分执行工作，但在此过程中要严格监控外部公司及人员的工作。另外，还要选择高素质的志愿者，并对其进行必要的培训。

（三）公关活动调研

对于高尔夫赛事运作管理机构来说，他们只拥有有限的资源，因此这些资源显得特别珍贵。如果不能通过公关活动达到提高赛事运作的整体效益的目的，就不应该投入资源来举办活动。也就是说，公关活动的举办一定要能够帮助高尔夫赛事运作管理机构达到一定的利益目标。这就需要对调研的手段加以采用，对赛事的不同受众群体进行细致分析，并对"哪种活动对哪种受众群体最有效"这个问题进行确定，并且还需要对可能产生的"活动结果"及"活动效果"进行预测。

通过举办公关活动所产生的直接的、短期而表面的现象就是所谓的活动结果。有关赛事的报道数量增加就是表明的活动结果；而公关活动对赛事产生的长期而深远的影响才是活动效果，如大型运动会的火炬传递活动提高了人们参与与关注运动会的热情与积极性，这就是活动效果。我们可以将调研的内容大概分为对活动成本-效益的调研和对活动策划、组织及执行方式方法的调研两个部分。

我们可以从两个角度来获取公关活动调研的方法，第一是现实性调研，即以赛事自身拟举行的公关活动为中心展开调查与研究，主要采取的方式就是向目标公众发放调查问卷，或对其进行电话访谈、邮件访谈，或开展专家座谈等，以此来了解目标公众对活动的认知、态度，并对活动可能的结果与效果进行预测。第二是比较性调研，即调查同类型或者其他具有可比性的赛事所举行的活动，对成本-效益进行研究与分析，积累经验，做好接下来的工作。

(四)制定活动方案

制定活动方案主要包括高尔夫赛事总体规划方案和各项活动的具体方案两项内容。在制定总体活动方案和各项活动方案的过程中需要注意以下几个方面。

(1)高尔夫赛事所有公关活动的举办应以赛事为中心，目的在于对赛事形象进行展示。

(2)要从时间和频率上注意对公关活动进行统筹安排，避免活动重复举行，以造成资源的浪费。

(3)在举办每项公关活动时，都应该对目标公众进行明确，突出活动主题。

(4)活动的内容与形式应该符合活动主题，不要一味创新，要分析其可操作性。

(5)公关活动的筹办应结合高尔夫赛事的市场开发工作来进行。

(五)执行活动方案

执行活动方案关系到是否可以使活动达到预期目标。所有的活动方案，不管其有多少“亮点”，有多大程度的创新，倘若没有可行性，就会是一项空方案。在执行活动方案的过程中，工作人员要重视每一个细节，从安排活动流程到布置活动场景；从控制活动现场到邀请媒体记者等。

在执行活动方案时，团队合作也是需要引起重视的，单独凭借一个人或者一个活动部门是不可能成功举行赛事公关活动的，它往往需要各部门之间进行合作与协调。此外，还要注意控制与监督活动的执行过程，要注意对影响活动的多变因素进行考虑，如安全情况、气候变化等，尤其要重视活动现场的各种突发情况。

（六）总结并评估活动情况

高尔夫赛事公关活动结束后，并不就意味着完成了公关活动的全过程。这时，还需要评估公关活动结果与活动效果，这对赛事资源配置效率及对其他赛事公关活动的改善均具有重要的作用和意义。

第四节 高尔夫赛事市场开发

高尔夫赛事市场开发的工作分以下七个步骤进行。

一、设置机构

在高尔夫赛事市场开发中，这项赛事的历史传统将会在很大程度上影响赛事组织机构及相关人员的设置。在高尔夫赛事市场开发中，一般情况下都将市场开发部门设置在公司内部；倘若组委会由政府行政部门组织建立，那么就会对市场开发公司进行单独设立。需要注意的是，高尔夫赛事市场开发公司在内部的架构上通常都是以业务及职能为依据划分的。

二、统筹资源

"摸清家底"是对体育赛事市场进行开发的第一步，摸清家底是指全面、详细地对体育赛事所具有的市场资源进行调查、统计、归纳、整理和分类。

在统筹资源环节，需要赛事组织部门注意以下要求。

（一）工作量很大，要注意各个方面的细节

统筹资源的工作量可以说是非常大的，仅仅是统计场馆广告资源，就需要进行很多的工作，如实地进行测量、现场进行拍摄、对平面示意图进行制作以及对图样进行设计等许多方面，因此在保持大工作量的同时还要注意各方面的细节。

高尔夫赛事市场开发都会受到统筹工作是否细致的重要影响，例如，在设计赛事广告牌尺寸时，看似几厘米的误差无关紧要，实际上有可能导致安装无法进行，从而导致接下来的工作不能如期进行，带来损失。

(二)需要加强赛事组织多部门的协调与合作

在高尔夫赛事组织与运营中，负责市场开发的部门是开展资源统筹的主要部门，然而仅仅依靠这一部门是不能够做好这一工作的，其需要加强与其他部门之间的协调和合作。例如，在设置场馆内外的广告时，主要负责部门还要联系安全保卫部门，在做好基本安装工作的同时做好安全工作。

(三)挖掘新的赛事市场资源，要富有创意

在高尔夫赛事市场开发中，要对新的市场资源不断地进行挖掘，或者以原有资源为基础创造形式新颖的资源，这些都有利于体育赛事市场资源数量的增加、质量的提高及价值的扩大。

三、确定目标

在高尔夫赛事市场开发的过程中，确定一个合理的目标是非常重要的。增加收入是高尔夫赛事市场开发的主要目标，可以通过以下两种途径进行。

(1)确定开发目标，可以以赛事的资金实际需求为依据进行。例如，某地区举办高尔夫赛事，通常情况下，地方政府和行政管理部门会通过拨款来给予一定的支持，整个赛事的预算应由赛事运作管理机构完成。

(2)先估算高尔夫赛事市场资源的总体价值，然后以此为基

础确定高尔夫赛事市场开发的目标也是一种有效的途径。可以说，商业体育赛事中采用这一方式的居多。在估算总体价值时，需要考虑的因素有很多，如以往各届赛事的市场开发情况，同类型赛事的市场开发情况，赛事举办地的自然与社会环境特征、社会经济增长率等。

在高尔夫赛事中，对于赛事运作机构而言，最理想的市场开发收入形式就是现金，对其进行管理比较方便，且容易，而且能够灵活使用，不需要对各种烦琐的问题进行考虑。然而从市场开发的视角来看，市场开发收入的最佳形式就未必是现金了。比如，赞助商可能希望通过赞助产品或者提供服务来展示产品的性能或服务的质量。因此，有时获得现金的市场开发难度要比获取同等价值的产品、服务还要高。倘若在体育赛事的实际运动过程中需要这些产品和服务，如服装、电脑、比赛器材、印刷服务、网络设备、餐饮服务、汽车服务等，那么它们也可以替代现金，成为理想的市场开发收入形式。

四、确立规则

等价交换是开发体育赛事市场过程中的一个关键词，赛事的市场开发要对“公开、公平、公正”的原则严格加以遵循，所以在完成资源统筹和确立目标的环节后，体育赛事运作机构需要对赛事市场开发的总体规则及相关规定尽快加以制定，并向赛事主办单位或主管单位汇报，对稳定、统一、权威的规则进行确立。只有这样，才能保障高尔夫赛事市场开发工作的顺利进行。

五、制定方案

在高尔夫赛事市场开发工作中，制定方案这一工作内容至关重要，制定方案主要包括制定市场开发总体计划，以及制定各项开发工作的具体方案等内容。

制定市场开发总体计划通常包括：对市场开发的目标对象范围进行确立；对销售预期目标进行制定；对市场开发的费用进行预算；对各项开发项目的工作要求进行制定；对销售策略与销售方式进行制定等。

对各项开发工作的具体方案进行制定主要包括：制定电视转播权销售方案、制定体育赞助销售方案、制定门票销售方案、制定特许经营权销售方案等。

不管是商业赞助、特许经营、门票，还是电视转播权，都会牵扯到价格因素；不管是体育赛事运作管理机构，还是市场开发的对象，都对价格十分关注。如果定价过高，可能会导致无人问津；如果定价过低，则会对赛事收益造成影响。

六、实施方案

实施方案就是在对高尔夫赛事市场开发的总体规则与规定严格加以遵守的前提下，以已制定的市场开发方案为依据，对市场开发工作进行有计划、有步骤的开展。这是阶段在体育赛事整个市场开发过程中耗时最长、耗费的资金最多、投入的人力最大，因此市场开发所能获得的赛事收入会直接受到这一环节的影响。

能否成功实施方案，取决于以下两个衡量标志。

第一，高尔夫赛事市场开发的收入，这是对市场开发工作质量进行衡量的硬指标。比如，一些体育赛事虽然很风光，声势浩大，然而其市场开发过程中却出现了赤字现象，或者即使有盈余，也远远少于前期营销投入的费用，因此这一体育赛事的市场开发并不能算作成功。

第二，高尔夫赛事市场的开发对象（向赛事支付费用）是否感到满意，购票观众、赞助商、对电视转播权进行购买的媒体机构等是常见的开发对象，赛事市场开发收入主要来源于这些开发对象，体育赛事中也将这些开发对象当作重要的客户，倘若这些客户感到不满意，那么就意味着他们支付的价格未能通过赛事给予他们的价值得到补偿，这时可能就会有法律纠纷的现象出现。

七、总结评估

体育赛事市场开发的评估与总结主要包括如下几方面的工作。

（一）建立市场开发工作专项档案

赛事市场开发公司或市场开发部门需要对有关市场开发工作的一切资料（电话记录、各类文件、方案、传真资料、合同、管理条例、光盘、报纸、录像带、杂志、图片等）进行收集与整理，这不仅是为了开展档案保密工作，也是为了供下届体育赛事的举办参考与借鉴。

（二）撰写市场开发总结评估报告

对市场开发总结评估报告进行撰写就是全面而系统地总结赛事市场开发工作的总体计划、方案、执行情况、人员配置、经费管理、后勤保障等各方面，从中吸取经验，总结教训。

（三）举行市场开发工作的答谢活动

举行答谢活动就是以真挚的感情来感谢体育赛事的赞助商、媒体机构、捐赠单位、特许经营商及相关人员等，表达感谢的方式可以是开酒会，举行表演，赠送锦旗、匾额或纪念品等，用最高行政官的签名也可以表达感激之情。

（四）表彰与奖励市场开发工作人员

最后的工作主要是表彰体育赛事市场开发工作中具有优异表现的先进分子及工作人员，以对他们的辛勤劳动表示感谢与鼓励。

第五节　高尔夫赛事赞助

一、高尔夫赛事赞助的策划

在竞技体育高度发展的背景下，体育赛事的规格也越来越高，而体育赛事的举办一般都离不开相关的赞助活动，因此，做好体育赛事的赞助策划是尤为必要的。赛事赞助策划是对整个赛事赞助的计划和构思，这些计划和构思又通过赞助策划书体现出来。通常来说，赛事赞助策划书分为两种，即通用赞助提案和专用赞助提案。赛事组织者可根据具体实际合理选择策划书的种类。下面主要讲解一下高尔夫赛事赞助策划的内容。

（一）赛事简介

一般来说，高尔夫赛事简介主要包括赛事名称、举办日期以及时间、地点，赛事的目的与主要内容。另外，参赛运动队以及主要运动员背景介绍，同类赛事的历史资料，实际上座率和收视率、赞助者等也是重要的内容。

（二）目标受众预测

目标受众预测，主要是针对观众和媒体特别是电视受众的范畴、分布情况以及人数的预测，由谁以及如何激发他们对赛事的关心。

（三）赛事主办、承办和协办单位的简介

对知名度和透明度较高的赛事主办、承办和协办单位只需列名即可，其他单位可作简介。

(四)媒体效益

一般来说,媒体效益主要表现在以下方面:赛事本身包装和宣传计划;与媒体特别是电视的合作方式;已取得哪些媒体的配合承诺;报道和转播计划;与媒体特别是电视保持连续接触的可能性。

(五)已谈妥或有意向的赞助者名单

已谈妥或有意向的赞助者名单,通常采用列表的方式进行介绍。

(六)赞助厂商的范畴

赞助厂商的范畴,主要是指包括本赛事特别适合哪些行业和类型的企业前来赞助,赛事目标受众与相应企业目标顾客之间的吻合度,本赛事与相应企业的形象之间的一致性和吻合性等。

(七)赞助办法

赞助办法主要包括赞助的方式(如冠名赞助、主要赞助商、供应商、装备商)和赞助的金额,除了规定的赞助费用外,是否还包括其他费用。

(八)事权

事权,是指各方当事者的权利、义务与条件,如赛事举办者或中介机构的权利、能力和信誉等。

(九)体育赞助效果评估的承诺

专用赞助提案可以通用提案作为基础,附一份补充说明。专门论述此赛事与该企业产品和形象的相关性,目标市场和目标顾客的一致性,着重指出该企业应该赞助本赛事的令人信服的理由。

(十)回报

一般来说,高尔夫赛事中的回报主要包括不同档次赞助的具体回报内容,如名称、冠名、标志使用权等。

(十一)其他同步沟通措施

关于其他同步沟通措施,主要体现在广告、现场销售、促销、公关等方面提供同步沟通措施的可能性的详细说明。比如广告的方式、数量、体积、摆放地点等。

提供赞助商开展现场销售、促销、公关等活动的范围及能提供的空间条件状况,如位置、面积、有效时间,在室内还是露天,提供现成的场所还是赞助商自理,赞助者和商业伙伴以及目标顾客之间建立联系的可能性,以上措施是否免费,如需支付费用,要明确费用的数目,收费的方式等。

二、高尔夫赛事赞助的实施

高尔夫赛事赞助实施阶段的核心任务是为赞助商提供服务,赛事主办方要逐项落实承诺给赞助商的权益。赛事组织者还应指定专门人员为赞助商服务,以确保赞助活动能顺利完成。一般来说,高尔夫赛事赞助实施的过程,其工作内容具体如下所述。

(一)成立赞助实施领导小组

在高尔夫赛事赞助的实施过程中,成立赞助领导小组是第一步工作。确定赞助方案实施的总负责人,是赛事主办方还是中介组织。赞助负责方派专人担任领导小组组长,赞助各方的具体负责人担任小组成员,充分发挥成员的特长和优势,以保证赛事赞助活动的顺利开展。

(二)部门设置

通常情况下,部门一般被设置为办公室、公共关系部(新闻部)、技术部。办公室负责日常工作,公共关系部负责新闻、宣传、对外联系、接待等工作,技术部主要负责现场广告以及其他回报落实等。

(三)制定实施计划

总计划主要由组长带领小组制定,然后制定部门计划,经协商后交由领导小组审查通过。经常定期开展联席会议,交流信息、协调工作、解决问题,同时还需要和其他部门与单位联系和协商。

作为双方互利的商业行为的赞助活动,还应以诚为先,以信为本,但在我国体育赛事赞助活动中,仍存在体育组织不重视履约的情况,这种做法会严重破坏双方之间的赞助关系,给高尔夫赛事的举办带来不良影响。

三、高尔夫赛事赞助效果的评价

赞助效果是通过赞助活动给赞助者、被赞助者、目标受众与社会所带来的利益和所起的作用。企业赞助效果可从产品销售量、赞助商形象效益以及媒体三个方面来进行评估。

(一)产品销售量评价

对于赞助商而言,其对赛事进行赞助的最终目标是提升销售业绩,赞助商可以根据产品销售量来判断赞助效果的好坏。也可以和同期销售量进行比较,或者对比赞助前后的销售量来进行判断,当然,在比较时也应将其他影响因素考虑在内。

一般来说,赞助商对日常消费品,如快餐、饮料、服装、鞋类以及一些运动用品比较容易看到销售效果,而耐用品和奢侈品的销售量在短期内变化较小。

(二)赞助商形象效益评价

一般来说,赞助商的形象效益评价主要包括企业客户反馈跟踪和沟通效果测量两个方面。

所谓企业客户反馈跟踪，是指企业通过各种渠道了解企业客户对赞助活动持什么样的态度和客户对产品的认可度。

沟通效果测量又包括无提示和有提示下的赞助企业名字注意率两种方法，通过这两种方法可以检测出到底有多少受众能注意到赞助企业的信息。

赞助商对高尔夫赛事进行赞助的目的是希望自己的产品或品牌得到社会的认可，更重要的是得到企业客户的认可。在赞助活动结束后，企业通过对业务往来变化的分析来衡量赞助活动的形象效益。评价的内容主要包括以下方面。

(1)与同期相比，业务是上升了还是下降了？

(2)与哪些客户失去了业务联系？

(3)是否出现新的业务，新业务是否有开发空间？

(4)继续开展新业务的潜力还有多大？

(5)活动赞助在其中所起的作用有多大？

赞助商在赞助高尔夫赛事后，在对企业赞助进行分析时，还需要考虑有没有其他方面因素的影响，不能把一切因素归于高尔夫赛事赞助身上，这种做法有失偏颇。

(三)媒体评价

除此之外，企业还可以通过媒体的覆盖数量来判断赞助效果的好坏，具体可以根据以下三个方面的数据来分析。

(1)电视覆盖的时间长度及其收视人次。

(2)印刷媒体的覆盖面。

(3)广播覆盖的时间长度及其收听人次。

根据以上三方面的数据可以推断出到底有多少人，尤其是有多少目标消费者接触到了赞助企业的信息。

除此之外，还可通过对电视报道进行录像监查、广播报道录音监查、查阅有关的报纸杂志和检索涉及本赞助商的报道等方式对高尔夫赛事赞助进行评估。

第五章　高尔夫赛事组织机构设置与启动

高尔夫赛事组织机构可以直接影响高尔夫赛事的举办成效，对参赛球员以及高尔夫运动的发展都有很大影响。本章主要对高尔夫赛事组织机构的类型与各部门职责、高尔夫赛事组织机构设置的原则与要求、高尔夫赛事规划的制定、高尔夫竞赛规程的制定、高尔夫赛事的编排进行阐析，力求为高尔夫赛事组织机构的设置与启动提供帮助和指导，指明高尔夫赛事组织机构实现规范化目标的方向。

第一节　高尔夫赛事组织机构的类型与各部门职责

一、高尔夫赛事组织架构的类型

因为高尔夫赛事的独特性特点尤为显著，所以其在人力资源管理中的组织架构同样具备独特性。以高尔夫赛事的性质为划分依据，可以将高尔夫赛事的组织架构分为一次性组织架构和连续性组织架构两种类型；以高尔夫赛事的组织结构和功能为划分依据，可以将高尔夫赛事的组织架构分为职能型组织架构、项目型组织架构和矩阵型组织架构三种类型。

(一)职能型组织架构

职能型结构起源于 20 世纪初，是法约尔在其经营的煤矿公司担任总经理时所建立的组织结构形式，故又称“法约尔模型”。它是按职能来组织部门分工，即从企业高层到基层，均把承担相同职能的管理业务及其人员组合在一起，设置相应的管理部门和管理职务。职能型结构是以工作方法和技能为部门划分的依据。现代企业中许多业务活动都需要有专门的知识和能力。通过将专业技能紧密联系的业务活动归类组合到一个单位内部，可以更有效地开发和使用技能，提高工作的效率。

具体到高尔夫赛事，职能型组织结构是指架构中各工作部门的设置是根据该赛事的专业职能和业务特点来进行划分的一种架构形式。职能型架构适用于连续性的高尔夫赛事，具体包括高尔夫巡回赛和高尔夫系列赛等，最为显著的特点是各个环节有清晰的分工，同时相对固定，为长期的运行和管理提供了诸多便利。职能型组织机构的基本构成如图 5-1 所示。

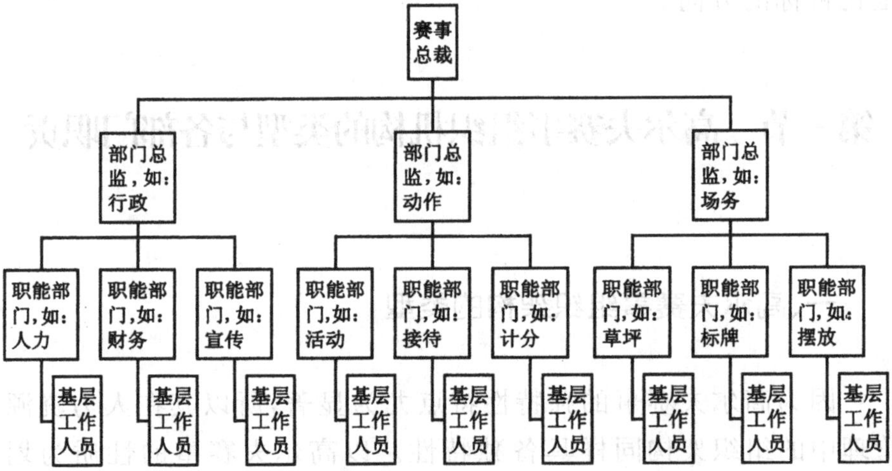

图 5-1 职能型组织机构的基本构成

（二）项目型组织架构

全部工作都围绕项目开展、通过项目创造价值并达成自身战略目标的组织，即项目型组织。项目型组织包括企业、企业内部的部门、政府或其他机构，这里提及的项目型组织和日常生活和工作中提及的项目部有很大不同，这里是指一种专门的组织结构。对于整个项目型组织来说，每个项目就如同一个公司，完成某一个项目的所有的必需的资源，包括人、财、物都被完全分配给这个项目，专门为这个项目服务，项目经理对他所负责的项目拥有完全的权力。由于领导统一，任务专一，目标明确，所以它可以迅速、有效地对市场和客户需求做出反应。项目型组织架构的基本构成如图 5-2 所示。

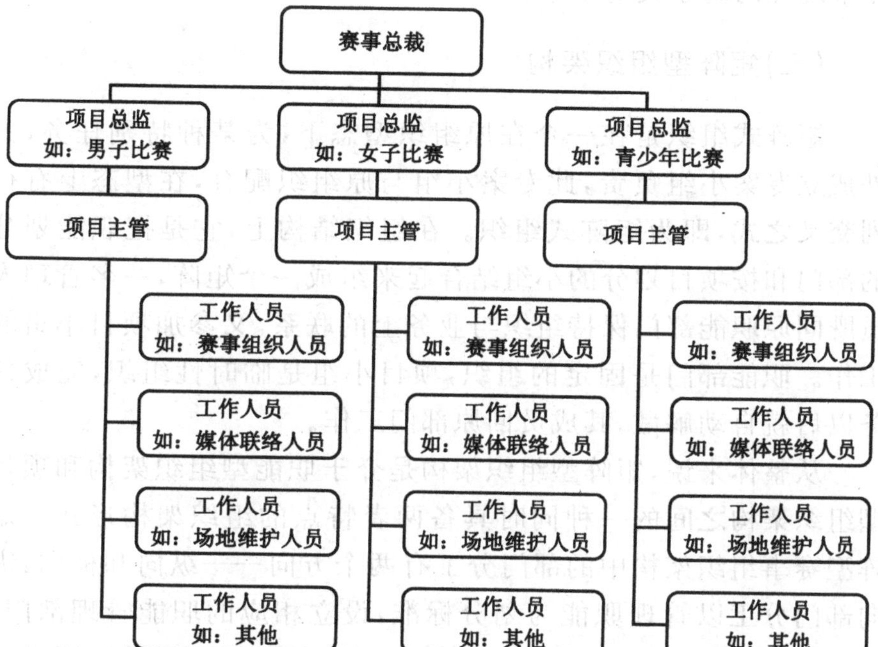

图 5-2　项目型组织架构的基本构成

不同项目团队的成员不可共享知识或者专业技术技能，原因在于各个项目团队均是独立存在的，一个团队中的所有成员都仅效力于自己所在的团队，这种结构不存在职能部门那样供人们进行职业技能与知识交流的场所。在资源不能共享、彼此间交流不足、各项目成员无法分享经验和知识的情况下，必然无法对项目人员提高自身的专业技术产生积极作用。在多种因素的影响下，有的项目部的工作任务不饱满、人员大量闲置，而有的项目部人员又非常紧张。因此，为了最大限度地利用资源、压缩开支、节约成本，就必须制定详尽而准确的项目实施计划和一个有效的控制系统，保证在预算范围内成功地完成项目。

和职能架构相比，项目型组织架构是一种“单对单”的架构模式，具体就是组织架构中的每一个运行部门只对应一个直接管理部门，其上级部门对其有直接的指挥权，下级部门对上级安排要予以严格执行。项目型组织架构常见于一些一次性或间隔时间较长的高尔夫赛事中，如被广泛应用于非传统的高尔夫赛事中和非常规性的高尔夫赛事中。

（三）矩阵型组织架构

矩阵式组织是在一个在原组织型态下，为某种特别任务，另外成立专案小组负责，此专案小组与原组织配合，在型态上有行列交叉之式，即为矩阵式组织。在组织结构上，它是把职能划分的部门和按项目划分的小组结合起来组成一个矩阵，一名管理人员既同原职能部门保持组织与业务上的联系，又参加项目小组的工作。职能部门是固定的组织，项目小组是临时性组织，完成任务以后就自动解散，其成员回原部门工作。

从整体来说，矩阵型组织架构是介于职能型组织架构和项目型组织架构之间的一种同时具备两者特点的组织架构形式。矩阵型赛事组织架构中的部门分工有两个方向——纵向和横向：纵向部门分工以管理职能为划分标准，设立相应的职能管理部门，实行专业化部门管理；横向部门分工则按照组织目标的不同进行划分，设立相应的项目管理部门，实行目标责任制管理。纵向和横向交叉后就形成了矩阵型的赛事组织架构，这种组织结构适用于一次性的高尔夫赛事和连续性的高尔夫赛事组织运行中。矩阵型组织架构最显著的特征是将集中管理和分散管理有机结合在一起，充分挖掘和发挥了两者的长处，此外其适用范围达到了最大化。矩阵型组织架构的基本构成如图 5-3 所示。

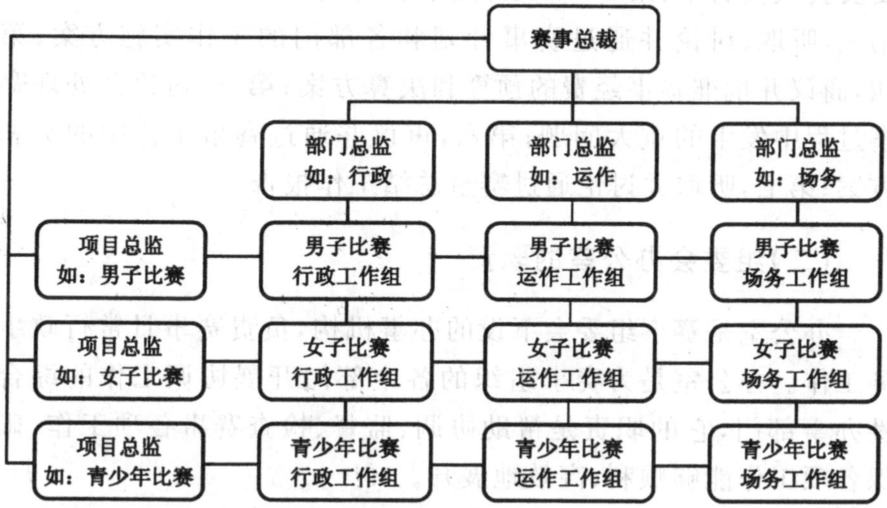

图 5-3 矩阵型组织架构的基本构成

二、高尔夫赛事各部门的职责

高尔夫赛事可以参照具体的规模和规格选择最适宜的组织架构和部门设置。不管组织哪类赛事、成立哪种部门，都必须为赛事中各项工作的顺利开展提供保障。作为高尔夫赛事的组织者，一定要建立和健全各部门规章制度，明确岗位职责，提供行为准则，并根据各部门的主要职责拟定具体工作计划。各职能部门的工作计划一般包括时间、阶段、工作内容、质量要求、进度、执行人、责任人等内容。

(一)组织委员会的职责

组织委员会是高尔夫赛事的最高领导机构，对赛事进行决策、组织、控制和协调。高尔夫赛事过程中，要涉及人、财、物、信息等方面的工作。组委会在组织、领导中，要以人为本，注意调动人的积极性、主动性，及时依据客观情况在动态中做好高尔夫赛事的组织工作。

具体来说，组织委员会的主要职责有：第一，审议并通过组织委员会人员名单;第二,审议并通过各部门的设置和负责人名单;第三,听取、讨论并通过赛事计划和各部门的工作实施方案;第四,商议并批准赛事经费的预算和决算方案;第五,讨论并处理赛事过程中发生的重大问题;第六,审议并通过赛事工作中的奖惩方案;第七,听取并讨论通过赛事总结工作报告。

(二)组委会办公室的职责

办公室是赛事组委会下设的办事机构,负责赛事日常行政事务工作。办公室是为赛事组织的各个部门开展协调工作的综合性办事部门,它的职责是帮助协调、监督、检查赛事各项工作,确保各项工作能够顺利、高效地展开。

赛事办公室的主要工作职责有:第一,管理赛事文书,起草各类赛事计划、总结、报告,并对相关文件进行归档管理以及管理固定资产;第二,组织各类会议,并负责对外的联络、宣传、交流、接待工作,根据赛事组委会的决议,筹备召开组委会会议、组委会常委扩大会议、组委会各部门工作联席会议、赛事筹备工作会议等几个大型会议的具体组织工作;第三,负责赛事的经费预算和开支管理等财务工作;第四,做好各项工作的协调和督办,保障信息畅通,掌握各部门工作进程,确保各部门按计划推进工作;第五,负责赛事中心的其他各项日常管理工作;第六,督促、检查球场组织工作的落实情况;第七,检查各部门各项方案的落实;第八,协助组委会成立赛事所需的各种特殊机构,如开球仪式、颁奖仪式临时指挥部;第九,指派赛事联络员。

需要注意的是,组委会办公室在组织会议时需要做好几项工作:第一项工作是会前筹备,主要内容包括确定会议议题、拟定会议日程、筹备会议材料和布置会场等;第二项工作是会前检查,主要检查会议筹备情况并确保赛事顺利进行,检查内容包括会议材料筹备情况、会议程序安排情况、出席人员落实情况、会场布置情况、会议安全保卫工作落实情况、出席人员落实情况、会场布置情况、会议安全保卫工作落实情况等;第三项工作是会间组织工作,这项工作对规模较大且时间较长的会议尤为重要，通常需要成立赛事秘书处或会议领导小组，以加强对会议的领导，此外会议期间应设文字秘书和联络员，准确而全面地完成会议记录、收集和征求意见等工作；第四项工作是会议善后工作，具体包括整理会议纪要或会议文件及时上传下达，收集、整理会议资料并存档，高质量完成会务工作总结。

(三)竞赛部的职责

(1)负责高尔夫赛事的组织安排、成绩的收集、整理与公布。

(2)勘察、选择赛事球场，按规格要求检查球场的布置工作。

(3)确定仲裁委员会成员和裁判长、副裁判长人选。

(4)做好赛事报名、注册与统计工作。

(5)根据报名注册的情况，按照赛事规定时间和参赛规模编排赛事分组及开球时间。

(6)制定赛事条件和当地规则。

(7)制作球手记分卡(记分卡上需注明同组球手的姓名、差点及发球台和发球时间)、球场码数本、打球进度控制表。

(8)明确高尔夫赛事的开始时间、结束时间、开球方式，防止发球时间和普通会员的发球时间出现冲突。

(9)在规定时间前，在相应的球洞设置最远、最近距离等奖项的标记。

(10)赛事结束后，收回球手的记分卡，确保球手在记分卡相应的位置签名，采用赛事规程确定的方法计算球手的成绩。

(11)根据球手的成绩，列出获奖球手名单，提供给赛事组委会，以备颁奖。

(12)准备赛事记分板，确保球手的成绩公告无误。

(13)与赛事其他部门合作，完成赛事的现场工作。

(四)新闻宣传部的职责

新闻宣传部需要高质量地完成社会宣传工作、思想教育工作以及新闻报道工作,具体工作如下。

1.社会宣传工作

社会宣传工作具体是指制定、设计赛事宣传品或撰写赛事宣传材料,征集或拟定赛事宣传口号,确定宣传方式及宣传手段,制定环境和赛场布置方案。

2.思想教育工作

思想教育工作包括制定对参加赛事各类人员的教育计划;拟定球手、教练员、裁判员应注意事项和有关体育道德精神文明方面的要求;撰写并印发宣传材料和观赛人员须知等,并通过各种渠道加以宣传,确定思想教育具体实施方案,落实宣传手段。

3.新闻报道工作

新闻报道工作包括召开新闻发布会,向有关新闻单位发出邀请,组建新闻中心或新闻室,制定新闻报道计划。

(五)市场部门的职责

市场部门的职责是负责完成高尔夫赛事的赞助营销工作。很多高尔夫赛事都是商业性赛事,商业性赛事要举办成功必须要有赞助商提供资金和实物等各种支持。从某种程度上可以将市场部门理解成高尔夫赛事的“衣食父母”,如果没有足够多的赞助资金做后盾,赛事概念策划得再好都于事无补。

(六)安全保卫部门的职责

高尔夫赛事的安全保卫,是指对赛事的比赛、重大活动现场、驻地及其他场所提供安检、交通疏导及消防应急等服务,保障赛事相关人员人身和赛事相关设施安全等工作的集合。高尔夫赛事安全保卫工作的级别应当参照赛事规模、赛事档次以及到场的领导、嘉宾、明星等的情况来定,原因在于不同类别人员的背景、数量、行为方式存在或多或少的差异，由此受到的风险和可能存在的威胁也会有差异，所以说要根据来宾的身份、级别和需求等进行分类，保证安全保卫策略达到针对性要求。

就安全保卫部门来说，赛前应该做出详细的安保工作计划，制定高尔夫会所、球场、现场、消防、通信、证件等各类安保方案，监督安保人员认真履行安保计划，并随着赛事安全保卫工作的逐步开展、赛事内外部环境的变化，尤其是社会安全形势的发展和变化，不断进行更新、补充和完善。例如，赛场内应适当张贴安全标志向观众提醒相关安全事宜；赛场内相关区域安装护栏或警戒线，阻止观众随意走动；为工作人员、嘉宾、记者等准备出入证或工作证。

近年来一些新型安保设备，如电子安全防范系统、电子门票系统、城市智能交通系统、联网报警服务系统、可视光摄像机、红外热像仪等，越来越多地用于赛事的安全保卫工作中。

不管高尔夫赛事的规模如何，都一定要有集中、统一、高效、畅通的指挥系统，并且要建立严格的安全保卫工作管理制度并监督实施。安全保卫部门要与其他的赛事运作管理机构建立良好的合作，做好充分的安全保证。

(七)后勤部门的职责

(1)编制后勤各项事务经费预算，确定开支标准及管理办法。

(2)做好各类物资的管理。对各部门所需的各类用具、服装、器材、交通工具、奖品、纪念品、生活用品等及时按计划购置和筹备，以保证各部门的使用；建立各种物品出入库手续和领取、发放、使用制度。

(3)做好生活接待的筹备，包括住宿的接待筹备、饮食的安排等。对于高尔夫赛事来说，接待服务是指为参加和参与高尔夫赛事的各类人员提供餐饮、住宿、交通等一系列的服务，如运动员、教练员、志愿者、赞助商、媒体记者等。

(4)妥善管理和调配交通车辆，如制定赛事各部门车辆配备原则、标准、管理和使用方法，负责做好车辆的安全检查。

(5)做好通信、信息管理工作。对于高尔夫赛事来说，具体是指赛事运作管理机构组织和协调速递、通信服务商以及基础网络系统和应用服务系统等信息服务系统，为赛事比赛场馆、驻地及周边地区提供通信网络、信息服务，保持赛事相关人员内外部通信网络畅通，为高尔夫赛事顺利开展提供保障。

第二节　高尔夫赛事组织机构设置的原则与要求

一、设置高尔夫赛事组织机构的基本原则

高尔夫竞赛组织是一项系统而严谨细致的工作，可根据不同的赛事目标、规模和等级体现出不同的组织方法和管理要求。对于大型高尔夫赛事活动，竞赛组委会各项工作的组织与实施，在依据高尔夫比赛条件和当地规则的前提下，其组织和管理更加复杂和严格。因此，不同赛事目标、规模和等级的高尔夫赛事活动的组织，都应根据竞赛的性质、任务(目标)、规模和竞赛等级等进行周密的计划，并根据事先制定的实施计划有步骤地进行。从整体来说，高尔夫赛事组织者在实施赛事组织和管理过程中应遵循以下几项原则。

(一)赛事目标与组织规模的一致性原则

不管主办或者承办的高尔夫赛事有多大规模，赛事组织者都应当把确立竞赛目标当成竞赛组织工作的起始点，原因在于只有明确竞赛目标，围绕赛事开展的具体组织工作方才可运用达到针对性要求与方向性要求的举措。从根本上来说，确立高尔夫竞赛目标是构建合理竞赛组织机构的基础性条件。因为凡是针对竞赛目标所建立的组织机构，既是竞赛目标实施的执行者，又是实

现竞赛的承载体。所以,明确竞赛目标与组建合理的赛事组织机构,在高尔夫竞赛组织工作中必须保持二者之间相互关联的一致性。

综合分析当前的高尔夫赛事会发现,既有以体现商业目的为主题的竞赛,也有以竞技比赛为目标的竞赛,还有以商业化运作为手段的竞赛;既有以培养后备人才为目的的青少年高尔夫比赛,也有以联谊友情、交流情感为目的而组织的业余竞赛;既有以公益性的社会募捐活动为目的的高尔夫竞赛,也有以高额奖金为利益驱动的各类职业竞赛。从整体来说,不同性质、不同规模和不同社会层面的高尔夫竞赛活动,其竞赛目标(任务和目的)也具有多元性。

面对当前多种类型的高尔夫赛事,竞赛组织者必须针对拟定主办或承办的高尔夫赛事活动制定明确的竞赛目标,如此才能根据实施目标的客观需求建立与竞赛目标相一致的组织机构。以"VOLVO"中国高尔夫公开赛为例,这既是一种以竞技比赛为目标的高水平的国际赛事,也是以体现市场运作为经济目标的商业活动。从某种程度来说,这项赛事的组织机构,既包括了专业化水平很高的高尔夫竞赛组织的职能,也有以市场运作和招商融资为目标的市场职能。因此,组织机构的人员组成与职能结构,也就形成了与赛事目标相适应的基本规模与人员配置。而某高尔夫俱乐部每月举行的会员月例赛,其目的是通过每月的例赛,为本球会的会员搭建一个交流与沟通的高尔夫赛事平台,是一种以会员联谊为目的的小型比赛。对于这样一种仅限于内部会员的赛事活动,其赛事组织者也就是俱乐部的会员部或竞技部。如果这样一种每月都举行的例赛活动,组织机构的基本职能和相关人员的组成,包括俱乐部的各个领域甚至还有社会其他相关人员参与,那就是"高射炮打蚊子"了。

(二)比赛方法与赛事目标相适应原则

高尔夫运动的比赛方法是赛事组织者为实现赛事目标,依据高尔夫规则所确立的比赛条件。不同的比赛方法既是体现高尔夫球员技术水平的重要手段,也是高尔夫爱好者体验高尔夫娱乐情趣的基本形式。可见,不同的比赛方法对实现不同的赛事目标具有不同的意义和作用。

举例来说,在拥有巨大影响力的“莱德杯”美国队与欧洲联队高尔夫比赛中,作为世界两大高尔夫运动阵营的角逐,如果采用一般职业比赛的方法(如四轮比杆赛),恐怕就失去了令全世界所倾心和关注的对象了。而在一次俱乐部会员例赛时,如果赛事组织者采用“四轮总杆赛”的比赛方法,有很大的可能会出现报名参赛会员数量较少的问题。与此同理,如果在一次职业高尔夫比赛中,赛事组织者采用“一轮制”(一日制)的个人比杆赛,也同样不能使职业球员发挥与其身份相应的水平。由此不难得出,各项赛事目标必须选择和应用最适宜的比赛方法,这样才能顺利达成预先制定的比赛目标,才能促使参赛球员将具备的技术水平发挥出来,从而向观众呈现出精彩绝伦的高尔夫体验,使观众在高尔夫赛事方面的需求得到充分满足。

(三)参赛球员的技术水平与比赛场地难易度相符合原则

高尔夫球场的具体风格和难易程度对不同球员技术水平的发挥情况有很大影响。尽管从高尔夫球员的技术运用与发展来讲,不可能再有“革命性”的技术突破,比如新的挥杆击球技术产生、新的挥杆原理的创造等,但是不同难易程度的高尔夫球场,则对任何球员在任何时候都是一种无法回避的挑战。因此,球员的技术水平与高尔夫球场之间始终是一种永远存在着的矛盾。如在同样的赛制下,如果说一名球员昨天在某球场打了12杆,而今天在另一个球场却打了20杆,这种情况难道能说明该球员仅仅在一天之内成绩就退步了8杆?这无疑是不可能的,最合理的解释是两个难度不同的球场影响了这名球员发挥技术水平的情况。

由此可见,对于绝大部分球员而言,不同球场的难度值始终是影响球员技术水平发挥的重要因素。即便是职业球员,不同球场的难度值也会对球员技术水平的发挥产生影响。因此，作为高尔夫赛事组织者可针对不同性质的比赛（职业和业余）和参赛球员的不同技术水平，正确选择既符合球员技术特征，又能为球员技术发挥提供公平、公正的竞赛环境和球场条件，这是赛事组织者理应遵循的基本原则。

（四）球员技术水平、比赛等级与专业组织能力相统一的原则

以高尔夫比赛的性质为划分依据，可以将其划分成职业赛事与业余赛事；以高尔夫赛事的组织形式为划分依据，可以将其划分成锦标赛、公开赛、巡回赛和邀请赛等；从比赛方法的视角来分析，可以参照具体的赛事目标将其划分成比杆赛和比洞赛等。对于这些不同性质、不同组织形式和不同比赛方法的高尔夫比赛的组织，无论是赛事的组织规模、技术等级和参赛球员的技术特点，都需通过一定的专业组织，才能完成赛事任务或达到比赛的预期目标。因此，主办和承办比赛的组织者必须具备一定的高尔夫赛事的组织能力，才能使比赛在公正、公平的竞赛环境中，使球员的技术水平和竞技能力得到有效的发挥。对于不同赛事规模和赛事等级的各类比赛，越是规模大、水平高的比赛对组织者的专业能力要求就越高；而对于一些小型的高尔夫赛事（如会员月例赛），不但比赛的组织机构不及大型高尔夫比赛，而且对于赛事组织者的专业能力的要求也不高。由此不难得出，不同规模、不同等级、不同技术水平的高尔夫赛事应当由具备与此相统一的专业组织能力的组织者完成各项组织工作。

二、设置高尔夫赛事组织机构的基本要求

（一）确定最佳比赛时间

确定比赛时间是组织不同性质的高尔夫赛事活动的起始点，确定比赛时间应当把以下几项因素考虑在内。

1. 组织大型高尔夫赛事时要防止和国内外重大赛事活动冲突

组织非正式性的职业比赛或有职业球员参加的比赛(如由国家或地区高尔夫球协会和联合会主办的公开赛、锦标赛和巡回赛的各站比赛等),应避开重大职业高尔夫比赛的比赛日。与此同时,应根据国内外重大高尔夫赛事日程确定比赛时间,选择在上一比赛日结束之后与下一比赛日开始之前,或比赛季节空隙的适当时候,以保障有足够的球员能参加比赛。

2. 一般赛事活动应避开公休日或节假日

鉴于目前我国高尔夫球场的经营是以会员制的经营模式为主体,高尔夫俱乐部(球会)为保证会员的基本权益,一般情况下在公休日和节假日期间不安排赛事活动。在组织高尔夫赛事活动时,也应尽可能避开公休日和节假日,以选择在平日组织赛事活动(最好是上半周的适当时间)为宜。通常情况下,高尔夫赛事活动往往会安排在周一至周四。

如果是大型高尔夫赛事活动,需要通过新闻媒体进行宣传和报道以及有众多观众到现场观摩,则应给予足够的准备时间,可通过与承办比赛的高尔夫球场协商确定后选择在公休日或者假日举行;如果是某一高尔夫球会或俱乐部组织的小型会员比赛,如会员邀请赛、月例赛或年终赛等,则应当在参照球场经营运作状况的基础上,选择在公休日和节假日举行。

3. 按当地的气象条件选择比赛时间

因为高尔夫比赛是一项户外体育运动,所以会受到气象的严重影响。因此,组织高尔夫赛事活动时一定要把当地季节的气候变化、气象条件以及对举行高尔夫比赛可能产生的影响等因素纳入考虑范围。以我国北方球场比赛和南方球场比赛为例,在我国北方球场比赛应选择在每年的 4～10 月份,在我国南方球场举行大型高尔夫赛事时一定要避开雷雨和台风频繁的季节。

4. 结合比赛等级和比赛规模确定比赛所需时间

在确定高尔夫赛事所需的时间时，应当参照比赛目标、比赛等级、参赛人员规模来定。举例来说，高尔夫赛事应当选择数轮比赛和一轮比赛中的哪一种；正式比赛开始前是否有必要安排练习日；高尔夫赛事是否有必要安排资格赛或附加赛等。除此之外，要参照比赛主办者采用的比赛方法来确定比赛所需时间。

（二）选择最佳比赛地点和比赛球场

由于高尔夫运动的特点，决定了高尔夫球场建设风格的不同和球场地域条件的各异，因此，也就形成了高尔夫球场的难易度各不相同的特征。在组织高尔夫赛事活动时，主办者应根据比赛的目的和组织比赛的等级，有针对性地选择适当的球场和比赛地点。通常情况下，确定高尔夫比赛地点和选择比赛球场时需把以下几项因素考虑在内。

1. 根据比赛等级和规模确定比赛地点

对于组织大型的职业比赛或高水平的业余比赛，组织者为了营造社会声势，扩大赛事影响力，以吸引更多的企业支持和赞助比赛活动，比赛地点应选择在高尔夫运动相对比较发达、经济环境比较优越、交通便利的、毗邻城市中心的高尔夫球场，这有利于社会媒体和观众到现场采访和观摩比赛。当组织一般型或者小型的高尔夫赛事活动时，允许结合组织者的实际情况来灵活调整。

2. 根据比赛的目的和参赛球员的技术水平选择比赛球场

高尔夫球场的难度值可以对参赛球员发挥出的技术水平产生直接性影响。因为组织者举行高尔夫赛事的目的会有或多或少的差异，所以选择高尔夫比赛球场时一定要达到针对性要求。一般来说，建议组织者根据组织比赛的目的和参赛球员的技术等级(如职业球员、低差点球员、高差点球员、男子、女子以及青少年球员等),有目的、有针对性地选择比赛球场。

举例来说,在举行高水平的职业高尔夫比赛时,应选择球道较长、球场设计规范并且符合国际锦标赛竞赛标准的球场;而举行业余差点比赛,则应根据参赛球员的差点水平以及比赛的目的,选择已进行球场难易度评估的球场,且具备差点系统管理的基本要求的俱乐部与球场;当举办中老年联谊活动的邀请赛时,就应考虑选择球场难度系数较低、球道比较短并适合中老年朋友的球场。

(三)确定适度的比赛规模

比赛规模的确定是保证比赛顺利进行,高质量地完成比赛任务的前提。因此,根据比赛的目的和基本任务适度控制比赛规模,对完成比赛任务、达到预期的比赛目的,可以起到事半功倍的作用。确立比赛参赛球员规模时需要考虑以下几项因素。

1.以达到预期的比赛目的为前提

组织任何形式的高尔夫比赛,主办者都必须明确比赛的任务是什么,要达到什么目的,并根据比赛的任务和预期目的来确立比赛的规模。对拟定参赛球员的等级范围和资格,要予以控制。一般来讲,对于非正式性的比赛,比如邀请赛、联谊性质的会员比赛,比赛规模宜小而不宜大。如果是俱乐部会员月例赛,而邀请了大量的非会员嘉宾,这就与比赛的初衷相违背了,客观上也造成了对会员基本权益的损害。而对于正式比赛则应根据主办者的社会影响力和承办比赛的经济实力,如职业比赛的奖金和出场费等,通过一定的方式来控制比赛的规模和参赛球员的资格。比如正式比赛前的资格赛,或根据积分排名的位置等来确定参赛球员人数。

2.以主办者的经济实力为基础

组织任何形式的高尔夫赛事活动,主办者都必须根据自身的经济实力和有无其他经费来源(比如有无企业赞助和其他相关的经济支撑等),来确立比赛的规模和对参赛人员的资格要求。

3.以合理的工作人员配置为保障

比赛组委会应以保障比赛的顺利进行为前提,在赛事工作人员、裁判员以及相关服务人员的配置上,应当和比赛承办者共同参照特定比例来科学配置相关人员。配置过程中需要避免两方面的问题:一方面,不能因担心比赛出现问题而配置过多的工作人员,进而出现资源浪费;另一方面,不能为节省经费而压缩工作人员的配置,进而出现比赛漏洞百出的情况。

(四)明确球员参赛资格和报名程序

对于赛事组织者来讲,明确球员的参赛资格,并按照规定的报名要求履行参赛报名程序,是保障比赛目标顺利实施的重要基础。忽视对球员参赛资格的要求,往往会产生有失比赛公平性与客观性的情况,而对参赛球员报名程序要求不明确,同样会给赛事组织者带来诸多的不利影响。因此,明确球员参赛资格,规范球员参赛报名程序,是赛事组织者的一项重要的基础性工作。

如果组织青少年比赛,比赛条件中应明确规定年龄限制。组织业余球员差点比赛,则必须明确报名参赛球员的差点指数的范围(比如差点指数在1.2～8.5)。对于各种形式的邀请赛,赛事组织者应充分考虑所需场地的大小与受邀参赛人数相适应,并在此基础上确定受邀参赛人员的资格界定。

在一些大型的高尔夫赛事中,球员必须填写参赛报名申请表,并在规定的时间内连同报名费一起缴回赛事组织委员会办公室。针对形式各异的高尔夫赛事活动,赛事组织者应当结合具体的比赛目标灵活选定球员报名的方式,常见的报名方式有网上报名、电话传真报名、现场报名。

(五)采用符合预期目标的竞赛方法

在高尔夫比赛的组织过程中,不同的竞赛方法是实现不同赛事目标的基本通道和承载体。作为竞赛组织者只有根据不同的赛事目标,选择具有针对性的比赛方法,才能达到预期的目的。如果在确立了赛事目标之后,所采用的竞赛方法与预期目标"南辕北辙",那么预期的竞赛目标就是空谈。比如在一次业余球员的邀请赛中,邀请了大量职业球员参加比赛,但是赛事组织者统一采用了以球员的净杆成绩决定成绩排名的个人比杆赛,这就导致了比赛方法的不公平,邀请赛也就呈现了业余球员"陪太子读书"的尴尬场面。而如果被邀请参赛的球员既有 50 岁以上的老年朋友,又有 18 岁以下的青少年朋友,那么比赛就要采取不同年龄的分组和不同的比赛方法,这样才能使不同参赛球员在相对公平的条件下进行比赛,使比赛公平合理,充满乐趣。

(六)加大对比赛场地设置的规范力度

虽然高尔夫球场的风格和特色会有或多或少的不同,但任何一场高尔夫比赛都应当严格遵循《高尔夫球规则》的基本规定,同时要最大限度地规范场地的基本设置,如此才能保证高尔夫比赛公平开展。赛事组织者在赛前设置比赛场地是一项专业性很强的工作,应在专业人员(如一定级别的高尔夫裁判)的亲自参与和指导下,将球场设置成符合《高尔夫球规则》和"当地规则"竞赛要求的比赛场地。

球场设置通常包括球场界线、每一球洞的发球区、障碍区的界线、特殊区域的界定,以及根据当地球场的特点所确定的"当地规则"的特殊规定等。

(七)设法使比赛资金来源多元化

比赛资金的来源是保障高尔夫赛事活动顺利进行的物质基础。而不同规模和不同组织形式的高尔夫赛事活动,对比赛资金的依赖程度也是各不相同的。例如,大型职业高尔夫比赛,仅比赛奖金和出场费就动辄十几万甚至上百万,这对比赛的主办者来讲,必须有一个强力的经济支撑和畅通的经济来源,才能保障比赛顺利进行;而一般性质的小型高尔夫赛事活动,如俱乐部会员月例赛、季赛等,作为主办者也许不用过多投入,就可以保证比赛达到预期的目的。

一般来说,高尔夫比赛的主办者或者承办者在赛事尚未举行前,要想保证比赛有序开展并获得事先设定的比赛目的,就一定要把比赛经费的基本预算考虑在内,同时要利用多元化途径筹集经费,从而为比赛费用的基本支出提供保障。筹集高尔夫赛事活动经费的常见途径如下。

1.主办和承办单位自筹

作为高尔夫赛事活动的主办和承办单位,根据组织比赛的目的任务、比赛等级和赛事规模的不同,自筹比赛经费的形式和资金来源也各不相同。作为正式的并且纳入当地政府职能部门或社会团体的高尔夫赛事,通常当地政府或社会团体组织会按照所需经费的一定比例下拨专项费用。但是,用于赛事活动的专项费用,是不足以保证比赛所需的费用开支的,主办或承办单位还应根据情况,通过不同的社会渠道来筹集比赛经费,以保障比赛所需的基本支出。而作为非正式的一般性的高尔夫赛事,当地政府或社会团体组织,对于主办或承办比赛的单位是没有资金支持的。针对这些情况,就需要高尔夫赛事组织者凭借其他形式妥善解决好比赛的基本费用问题。

2.社会招商、企业赞助

在当代体育竞赛社会化和商业化发展的影响下,高尔夫运动的赛事活动在世界范围内已完全形成了以市场经济为杠杆,以商业化的运作为载体的比赛机制。从驰名的世界高尔夫"四大赛事",到世界高尔夫"六大巡回赛",从名目繁多的各种职业比赛,到不同形式和不同等级的业余比赛,不同级别的高尔夫比赛已完全融入了以市场经济的商业运作为主体的"经济链"之中。因此,当代高尔夫比赛的各种赛事活动,通过各种渠道的商业赞助、电视转播、广告和企业冠名等来获得社会招商和企业赞助，已成为主办或承办不同性质的高尔夫赛事活动的最主要的资金来源。作为赛事组织者对拟定主办或承办的高尔夫赛事活动，只有把它作为一项产品，从产品设计到产品开发按照市场经济的基本规律运作，才能获得符合预期目标的社会招商与企业赞助。

3.收取参赛报名费

对于性质和等级存在差异的高尔夫赛事来说，主办单位向参赛球员收取的报名费往往是参照比赛性质而定的。以区域性的业余排名赛、公开赛和非正式性的锦标赛为例，这些赛事常常会因社会影响力较小而无法获得客观的商业赞助，基于这种情况主办单位为了降低比赛支出成本，通常会收取适当的参赛报名费来贴补比赛的经费开支。

第三节 高尔夫赛事规划的制定

一、科学制定赛事活动总体计划

作为高尔夫赛事活动的组织者，通过对赛事活动组织或承办相关因素的分析与评价，并在此基础上制定出赛事活动的总体计划，以便从赛事活动的整体上协调与管理各分项计划的执行与落实情况。组织者制定赛事活动总体计划时要把以下几方面的因素考虑在内。

（一）根据各职能部门的分项规划，确立赛前各项准备工作时间进度表

综合分析可知，赛前不同职能部门准备工作计划是围绕赛前各项准备以及赛中各职能部门的管理职责这两个基本时间段的

工作进度而制定的。因此，高尔夫赛事组织者同样要紧紧围绕这两个时期的工作来开展，在此基础上确立高尔夫赛事活动的整体工作进度表以及工作流程。

(二)依据赛事财务预算，确立各项开支分配比例

对于组织大型高尔夫赛事活动的各项经费的开支比例，一定要按照赛事财务预算进行分配。而赛事的财务预算，则应充分考虑到通过各种招商活动实际能够到账的资金额度来进行。为了提高招商和赞助的实效性，在制定财务预算过程中，应把招商计划和各种营销计划列入整个财务预算的控制范围，以便统筹计划、合理分配，以免透支。

(三)事先预防非人为因素和其他方面的突发事件，制定赛事活动的应急方案

在制定高尔夫赛事活动的整体计划时，竞赛组委会一定要事先制定好应对自然因素和人为因素造成的突发事件的应急措施，确保高尔夫赛事活动不会因突发问题陷入瘫痪。

二、确立赛事活动各部门准备工作要点

组织高尔夫的赛事活动，尤其是组织大型高尔夫赛事活动，通常来讲是在竞赛组织委员会成立之后，各个职能部门应根据不同的岗位职责来确立各部门赛前准备工作和具体的实施计划。各部门确立赛前准备工作实施计划，应依据各部门不同职能而采用不同的工作方法，即各职能部门工作重点、难点、工作流程以及工作责任人都要有明确的实施计划，以保障赛前各项准备工作的顺利开展。

(一)竞赛部门准备工作计划要点

1.检查和设置比赛场地

检查比赛场地有无达到比赛要求；以高尔夫竞赛规则为依据

设置比赛场地;妥善准备好举办赛事所需的各种器材和设备的配置。

2.根据报名或应邀参赛的球员进行分组编排

根据参赛球员的以往成绩(比如业余球员的差点)进行分组编排;根据邀请人员的身份进行分组编排,根据比赛的特殊规定进行分组编排。

3.拟定当地规则并组织竞赛裁判人员进行业务学习

在检查和设置场地的基础上制定本次比赛的当地规则;组织裁判人员进行业务学习与培训,统一规则认识。

(二)秘书处准备工作计划要点

1.起草竞赛规程

比赛目的和比赛的名称;比赛竞委会的人员组成;比赛时间和地点;比赛规则和采用的比赛方法;参赛球员报名(或邀请)的资格和要求。

2.起草球员报名和参赛须知与相关规定

球员报名条件(以往比赛成绩、球员差点、积分排名等);报名时间、地点与报名办法;报名费用的收取标准与方法;球员报名参赛的特殊要求;组织赛事新闻发布会等。

3.特邀人员参赛办法

特别邀请人员(VIP)的接送;VIP 人员的特殊接待与服务方法等;对 VIP 人员特殊需要的服务保障等。

4.洽谈和联络比赛招商(冠名和赞助),落实比赛资金

制定冠名赞助商、主赞助商以及单项赞助商的洽谈与合作条

件;设计或制作用于销售(或拍卖)的比赛纪念品;其他可以增加创收渠道的比赛收入,如参观券和门票等。

5. 安排和联系参赛球员的下榻酒店和交通食宿问题

球员入住酒店的要求与客房标准;酒店与球场之间的交通问题。

6. 开球仪式与颁奖仪式(特指具有庆典意义的邀请赛)

这里所说的开球仪式与颁奖仪式特指有庆典意义的邀请赛。常见内容有开球仪式背景板的制作与放置;开球仪式程序与参与人员的邀请等;颁奖仪式相关活动议程和与会人员的邀请等;落实比赛的纪念品和奖品。

(三)宣传处准备工作计划要点

1. 赛事形象设计与制作

赛事主题形象标准图形、标准文字的设计与推广;电视直播和媒体新闻采访等。

2. 编辑与制作新闻短片和新闻快报

收集名人轶事、历史史料;编辑赛事新闻、比赛花絮等。

(四)后勤处准备工作计划要点

1. 购置或制作比赛所需的器材与设备

场地设置所需要的界桩、线和特殊标志牌(计分牌)等;各种草坪、场地维护器械与车辆保养与购置;赛前场地草坪的维护与保养;球员或相关人员比赛食品、饮料的配置。

2. 球员与参赛人员的车辆(场地电瓶车)保养与调配

业余比赛(特指一些邀请赛)球员的车辆(电瓶车)配置计划;

工作人员(比赛裁判、巡场员、媒体记者)的车辆配置计划;车辆安全检查与维护计划。

3. 场地保安人员的培训与布置

确定安全员工作职责;确定和配置主要岗位安全员。

4. 各种水电线路的检查与维修保养

会所水、电安全检查;球场水、电供给安全检查等。

第四节　高尔夫赛事的编排

高尔夫赛事的编排是高尔夫赛事组织过程中的一个关键组成部分,也可以将其理解成高尔夫赛事活动组织与管理的根本保障。如果高尔夫赛事的编排未达到合理性要求,则赛事结果必然无法客观地体现参赛球员的真实水平,实现赛事的预期目标也将无从谈起。一般来说,确定高尔夫赛事编排的依据是具体的比赛组织形式以及所用的比赛方法。

一、个人比洞赛的分组编排

因为高尔夫个人比洞赛是同一组两人之间的对抗,所以编排的重中之重是采取哪种方式把参赛球员合理编排成不同的比赛分组。个人比洞赛编排的常见方法分别是“盲式抽签”分组编排和“数字抽签”分组编排,具体如下。

(一)盲式抽签分组法

所谓盲式抽签分组就是在比赛报名前确定参赛球员的人数,其数值必须是2的乘方(如8、16、32、64等)。球员报名时,采取随意抽签抽取自己的分组位置,然后根据每一个参赛球员的抽签位置进行比赛对阵分组。这种抽签分组的方法通常是参赛人数较多时，作为一种正式比赛前的预选赛（或淘汰赛），其参赛球员先通过盲式抽签分组进行预赛（或淘汰赛）之后，获胜球员再进入下一轮的比赛。盲式抽签分组并非是要一次性地产生比赛名次，而是充当一种淘汰制在一轮比赛后，为接下来的名次比赛筛选球员。

（二）一般数字抽签分组法

绝大多数情况下，一般数字抽签是根据预赛的成绩位置或提交成绩分数的顺序来进行下一轮或者决赛的对阵分组。例如，在一次有 64 人参加的高尔夫比洞赛时，在采用盲式抽签确定第一轮比赛的分组对阵之后，通过比赛将淘汰 32 人，而剩下的 32 名球员则进入第二轮的比赛。而作为第二轮的比赛分组，竞赛组织者编排时则可以按照预赛结束时球员的成绩位置的顺序交叉落位，排出上半区和下半区的对阵分组。具体方法是上半区从 1 对 32，下半区从 2 对 31，依次类推进行分组，排列出 16 组的球员比赛对阵表。

二、队际比洞赛的分组编排

高尔夫比赛中两队或者两队以上所进行比洞赛的方法，即队际比洞赛，其对应的分组编排如下。

（一）两队定分式比洞赛分组编排

这种比赛方法是指在赛前确定好比赛双方各自的参赛人数后，比赛双方的参赛球员采用定分式比洞赛，按双方每一组在一场比赛中胜 1 洞得 1 分、平 1 洞得 0.5 分、负 1 洞得 0 分的计分方法，在比赛结束之后，按每队每一名参赛球员的得分来计算全队累积分，分数多者为优胜。在赛前比赛双方各自确定本队球员的出场顺序，按照双方拟定的出场顺序确定双方各组球员的比赛对阵。这种形式的分组编排取决于双方各自制定的球员出场顺序，竞赛组织者按照各自球队球员的出场顺序来制定比赛对阵表。如：在一次比赛双方各有 4 名球员参加的队际比洞赛中，赛前确定了采用定分式比洞赛，以双方 4 名球员的累计得分来确定比赛的胜负。比赛开始前双方提交了各自球员的出场顺序名单。

(二)两队以上定分式比洞赛的分组编排

两队以上的队际比洞赛，要求参赛球队的数量必须是 2 的乘方。在确定各参赛球队出场球员人数之后，比赛可以采用冠军淘汰赛和名次淘汰赛。

1. 冠军淘汰赛

冠军淘汰赛即每队在一轮比赛结束后，总得分落后于对方即失去继续比赛的资格（被淘汰），而胜者继续进行下一轮的比赛。编排分组时是由各队自己按照不同的情况事先确定出场顺序，各队按照盲式抽签分组法来确定对阵球队和球员出场顺序。

2. 名次淘汰赛

名次淘汰赛是指每队在一轮比赛结束后，总得分落后于对方即失去争夺冠军的资格，但还可以继续参加后面的比赛，以确定最后的名次。举例来说，在一次有 4 个队参加的队际比洞赛中，某一队在输掉第一轮比赛之后，则意味着失去了争夺冠军的比赛，只能参加争夺 3～4 名的比赛。面对参赛队较多的情况，建议采用预赛、复赛（半决赛）和决赛三轮的比赛方法进行，通过第一轮的比赛之后，胜队进入下一轮（复赛）1～4 名的比赛，而负队则掉入后 5～8 名的争夺。换句话说，就是通过复赛的对抗，胜者进入冠亚军的争夺，负者争夺 3～4 名，然后以同样的办法决出 5～8 名的比赛名次。

(三)定分式 4 人 2 球比洞队际赛的分组编排

4 人 2 球比洞赛是队际赛通常采用的一种比赛方法。在确定了各队的参赛人数之后，各队按照各自拟定的出场顺序，采用盲式抽签的方法确定对阵对象(球队)和对阵对手(球员)。一轮比赛结束之后，同队的两名球员按照胜1洞得1分、平1洞得0.5分、负1洞得0分的计分方式，来确定全队的累计得分，最终根据各参赛队各组球员的累计得分，确定下一轮的比赛资格或名次。

三、比杆赛的分组编排

经过一轮比赛或者数轮比赛后，根据参赛者总杆成绩来确定名次的比赛方法，就是所谓的比杆赛。换句话说，只有在最后一洞比赛结束时才能确定自己的成绩，同时只有在全部参赛球员的比赛成绩都经计算并得到确认后，才能确定每一个参赛球员的成绩名次。比杆赛分组编排采取的常见方式如下。

(一)按照球员报名依次分组编排

在竞赛委员会所规定的报名时间内，球员在报名时以盲式抽签的方法来确定球员所在的比赛组别。竞赛委员会可以根据预计参加比赛的人数，事先确定比赛的组别，按照每组2～4名球员空位，由球员抽取相应的组别并分组落位。

(二)按照种子球员进行抽签选位的分组编排

按照种子球员进行抽签选位的分组编排方法是一种事先确定若干名种子球员(通常是根据上一次比赛的成绩或名次)，并由竞赛委员会确定在相对较好的 Tee-time 时段组别，在此基础上由非种子球员采取盲式抽签落位。

以某地区举办年度的业余球员锦标赛为例，上一年度的前6名被当作本年度比赛的种子球员。该比赛第一组的发球时间是上午7:00，最后一组发球时间为9:35。于是，竞赛委员会将6名种子球员分别设立在第5至第10组，发球时间在从7:50～9:00之间相对较好的 Tee-time 时段。其他非种子球员则根据各自的抽签结果，在对应的组别落位。

(三)根据球员球场差点的分组编排

职业比赛是无差点的比赛，只有在业余比赛中才能出现球员球场差点。通常情况下，作为差点比赛的分组编排是按照球员球场差点的高低来分组编排。例如，将单差点的球员(球场差点为1～9)编排在相同级别的分组当中，而将双差点(球场差点10～19)编排在相同级别的另一组，并将球场差点为20以上的球员编排在属于高差点的组别当中。除此之外，还有一种方法是根据球员的差点指数转换为球场差点之后，将若干名较低差点的球员当作种子球员，分别设立在较好的 Tee-time 发球组别，而其他相对较高差点的球员采取抽签选位确定自己的组别。

(四)根据比赛的性质分组编排

根据比赛性质分组编排的方式主要适用于邀请赛或其他非正式性的联谊活动的比赛，具体方法是在考虑应邀参赛球员的身份以及社会影响力的情况下，由组委会参照实际情况完成分组编排的相关工作。

第六章　高尔夫赛事组织管理工作程序与安排

高尔夫赛事的组织管理涉及的方面非常多，除了一般的规则、规程以及前期的策划营销之外，还要按照基本的程序进行赛事的组织管理。关于高尔夫赛事组织管理工作的程序，主要分三个方面来进行安排，即赛前准备期、竞赛期间和竞赛结束期，每一个时期的工作内容都是不同的。本章主要对高尔夫赛事的三个时期的组织管理工作加以分析和阐述，从而使人们对此有所了解和认识。

第一节　赛前准备期的组织与管理

高尔夫赛事活动是从赛前各项准备工作的组织实施与管理开始的，其能够为赛事活动顺利进行提供重要的基础和保障。一般来说，如果赛前各项准备工作组织和管理落实得好，往往就能够使整个赛事活动的顺利进行得到事半功倍的积极影响。反之，将会对整个比赛过程产生不良的影响，甚至会造成难以实现预期的竞赛目标的后果。

通常来说，高尔夫赛事赛前准备工作的组织实施与管理工作所包含的内容主要有以下几个方面。

一、赛事会务行政组织与管理

为参赛球员建立公平、公正，有利于球员发挥技术水平的竞赛环境和基本条件，是高尔夫赛事活动组织与管理工作的核心所在。而围绕竞赛活动核心工作的组织与实施能否顺利进行，受到很多因素的影响和制约，其中，相关事物的行政组织工作则是一项重要的基础性工作。

赛事会务行政工作的隶属职能部门，主要包括秘书处、宣传处、后勤处以及分管赛事工作的财务和招商等部门。各职能部门以分管的工作范围与职责为主要依据，在赛前制定和确立各项组织与管理工作的计划与细则。

作为一般规模的高尔夫赛事活动，赛前的会务行政组织与管理工作所包含的内容主要有以下几个方面。

(一)组织或邀请参赛球员并接受球员报名

以由竞赛组织委员会所制定的竞赛规程为主要依据，组织或邀请参赛球员并接受球员参赛报名，是赛前会务行政组织与管理工作的一项重要内容。从分工职责来讲，这项工作通常是由秘书处负责组织实施的。

具体来说，这项工作主要包括以下几个方面的内容。

(1)以参赛球员的资格标准为依据，将球员参赛报名须知与报名表制定出来。

(2)以球员参赛报名须知的相关要求为依据，接受球员报名并审核球员参赛资格。

(3)以球员报名情况(现场接受报名和网络、传真报名)为依据，实施参赛球员分组编排。

(4)将赛前球员报到工作流程与注意事项制定出来。

(二)组织实施赛前球员签到

在接受球员报名和进一步审核球员参赛资格之后，就到了衔接正式比赛的一个重要环节了，即组织与管理参赛球员赛前签到，可以说，这也是一项要求非常细致的工作。因此，这项工作通常需要秘书处、宣传处、后勤处等部门协调参与，从而使球员赛前签到工作不出纰漏。

以一般高尔夫比赛球员签到的基本程序为主要依据，其主要组织工作的内容往往有以下几个方面。

(1)将球员报到时间与地点（如通过张贴宣传标语、设立指示牌等）确定下来。

(2)组织专人负责接收球员球包，标明球员姓名，并分派或保存在相应的位置和地点。

(3)组织并设立球员签到台，接收球员签到。

(4)派发球员相关比赛用品（如比赛指定服装、太阳帽、球或纪念品等），以及球员比赛分组（或差点分配）表、比赛须知等。

(5)对球员在指定的地点就餐、休息或练习等进行积极引导。

(三)组织比赛开球或相关开球仪式

在高尔夫比赛中，不同性质的比赛涉及的比赛开球方法也会有所不同。比如职业比赛，往往是按照同一开球地点（发球台）不同发球时间（发球顺序）有序进行的。而业余比赛则是以不同比赛目的、规模和人数以及相关要求等为主要依据，采取不同的发球时间或发球地点。对于一些具有商业赞助和社会影响意义的比赛，赛事组织者还要组织相应的比赛开球仪式。因此，无论是什么性质（职业或业余）的比赛，作为赛事组织者以不同比赛性质和相关组织要求为主要依据，做好比赛的开球组织与管理工作，这也是赛前组织工作的一项重要内容。

具体来说，组织比赛开球或相关开球仪式的工作内容主要有以下几个方面。

(1)在比赛公告栏张榜公布比赛开球方法的相关通知，并且做好比赛开球时间顺序安排表，以及相关开球仪式的地点和要求的通知单的派发工作。

(2)组织相同地点不同时间和顺序的开球方式、不同地点统一时间的开球组织形式与方法等。

(3)对于需要组织开球仪式活动的比赛,应通过不同方式通知参赛球员和开球嘉宾在何处、何时,按照何种形式、程序,举行开球仪式。并以开球仪式的规模和要求为主要依据,布置开球仪式所需的场地环境,如开球仪式背景板、嘉宾讲话台和音响等。

二、赛前组织裁判员及相关竞赛服务人员业务学习与培训

高尔夫比赛的组织工作作为一项动态管理工作,涉及的领域、因素都比较多。从竞赛专业人员(裁判员、比赛观察员、记分员)、竞赛服务人员(球童、安全巡场员)到后勤保障人员,都需要依据不同的比赛目的、比赛规模进行合理的人员配置与职责分工,协同一致,相互配合以确保比赛顺利进行。这些不同职责的专业分工与服务保障,竞赛组织者要以不同的比赛目标和比赛规则等因素为主要依据,在赛前进行有针对性的业务培训和学习。在认识一致、思想统一、行动规范、服务标准的原则基础上,再以不同的分工职责为依据来开展相应的工作。

一般来说,高尔夫赛前组织裁判员及相关竞赛服务人员进行业务培训,所包含的相关内容主要有以下几个方面。

(一)裁判人员业务培训与学习

裁判人员主要是指竞赛裁判员、比赛观察员、记分员等。赛前业务培训与学习的内容主要有以下几个方面。

(1)《高尔夫球规则》和当地规则的主要精神与条款,以及特殊情况下违反规则的处理方法与程序等。

(2)比赛中特殊领域比赛观察员的职责与处理问题的方法和要求。

(3)记分员的工作职责、程序、流程和相关要求,以及特殊情况处理的方法与程序等。

(二)竞赛服务人员业务强化培训

竞赛服务人员主要是指球童、巡场员、安全员等。赛前对这类人员的业务学习与强化培训，所涉及的内容主要有以下几个方面。

(1)高尔夫基本规则、球童服务标准、程序和要求，以及当地规则的相关要求、处理问题方法与程序等。

(2)巡场员的服务职责、要求，以及针对比赛相关规则规定的服务程序和要求等。

(3)安全员的工作职责、方法和要求，以及对安全隐患的防范措施与方法等。

(三)后勤服务人员培训

后勤服务人员主要是指比赛场地组和交通车辆组(包括比赛场地内外交通)，以及餐饮派送、配置等相关服务人员。对这类服务人员的强化培训，所涉及的内容主要有以下几个方面。

(1)比赛场地组有关发球区标志、旗杆位置的设置与调整的标准与工作要求等。

(2)交通车辆组对车辆(交通车辆、球场电瓶车)的保养、安全措施以及服务程序与标准的强化培训等。

(3)餐饮配置、派送与球员就餐过程中的服务标准、程序和要求以及相关服务内容的培训等。

三、赛前组织检查和设置比赛场地

赛前组织检查和设置比赛场地是一项非常重要的工作，其能够将赛事组织者专业能力和比赛管理水平充分体现出来，尤其是在举办大型高尔夫赛事活动时，组织赛前检查比赛场地并以比赛场地的实际情况为依据设置比赛场地，是高尔夫规则赋予竞赛组织委员会的基本义务和权利。通常情况下，这项至关重要的工作，是由负责竞赛工作的竞赛处来完成的。

具体来说，高尔夫赛前组织检查和设置比赛场地的工作内容主要有以下几个方面。

（一）发球台的检查与设置

发球台，就是欲打之球洞的出发点，其形状为长方形或矩形，高度、宽度和长度在高尔夫规则中均无统一的规格。发球区实际上是发球台的一部分，是由平行相距的两个球杆距离（向后也为两个球杆）所形成的方形范围。一般来说，每一个球道起点的发球台都分别立有红、白、蓝的发球线标志各一对，分别作为女子球员、业余球员及职业球员的发球区；而有些球场的发球台设计比较大，会出现两个不同的发球区在一个发球台上使用。因此，在赛前检查和设置比赛场地时，一定要对下列几个方面的事项加以注意。

（1）设置发球线标志的时候，要注意其两梯之间的连线应与球洞区通道的方向相一致。

（2）发球区的设置要对球员技术水平的发挥有利，较为平坦的发球台的某一区域是较为理想的选择。

（3）如果是非一轮制的比赛，在设置短洞发球区时，出于对发球台草皮的保护，应在每一轮比赛结束之后，对下一轮不同的发球区进行及时调整，从而使因球员击球时对同一地点的草皮过分的损害得到有效减少。

（二）球洞区通道的检查与设置

举办大型高尔夫球赛事活动之前，是一定要对比赛场地进行检查和设置的，其中，最为重要的赛前准备为：对球洞区通道的检查与设置，其会对比赛能否按高尔夫规则精神顺利进行产生重要影响。

赛前对比赛场地在比赛中可能出现问题的区域和地点，竞赛部门都应在检查场地时做到心中有数。比如，每一洞的球洞区通道在什么地点、什么区域、什么情况下球员最容易发生什么问题，以及出现问题时应如何解决，竞赛部门在检查场地时必须十分清楚。同时，设置场地时必须在当地规则中清晰地予以说明，从而使球员在比赛中或高尔夫规则中未注明的地点或区域出现问题的情况得到有效避免。

一般来说，在对球洞区通道进行检查和设置比赛场地时，需要对以下几个方面的事项加以注意。

1.球场界线与界桩的设置方面

在设置球场界线和界桩时，需要对以下几个方面的事项加以注意。

(1)比赛场地的界线与界桩必须保证清晰可见，界桩与界桩之间必需的界线或其他替代性标志要非常明显。

(2)界线的设置要合理，界线的延伸应与球道的方向和长短相适应，而且界线标志以内的场地要有可以使球员补救和打球的合理区域。

(3)通常情况下，界桩应为白色的木桩或其他白色替代物(如白色的石柱、木桩等)；界线也应是白色的线或其他白色的替代物(如白色的绳或布带等)。

(4)由于用于标明界线的木桩或其他替代物属于不可移动的妨碍物，所以在比赛中当木桩对球员击球造成妨碍时，是不能移动木桩或接受补救(移动球)的。鉴于此，通常会要求竞赛委员在当地规则中明确界桩为不可移动妨碍物。

2.水障碍区标志的设置方面

海、湖、池塘、河川、沟渠、地面的排水沟、露天水渠(无论里面有无积水)及其他性质类似的水域，都属于水障碍区。水障碍区主要包括两个方面：一个是正面水障碍，另一个是侧面水障碍。

规则中对正面水障碍应以黄色立桩或线来标示，而侧面水障碍则应以红色立桩或线来标示进行了明确规定。

在检查比赛场地时,要以球场水障碍的特点和不同情况为依据来设置水障碍区的界线和立桩。比如,有些球场的水塘四周用石砖砌成护坡,在设置水障碍区的立桩和界线时,应在石砖砌成的护坡上方设置水障碍区的立桩和界线,而不应该在石砖护坡的下方与水面接触的地方设置界线与立桩。有些球场很难区别正面水障碍和侧面水障碍,都可以采用侧面水障碍的红色立桩来标示,这样便于设置水障碍立桩和界线。

如果在检查场地时竞赛部门认为在水障碍附近的地区(如泥潭、沼泽地或有可能对球员的人身安全造成伤害的敏感地区)可视为水障碍区的一部分,那么就应该在当地规则中表明该地区是不可以打球的。

3. 整修地的标志设置方面

整修地是竞赛组委会认定为整修地而被标示的球场的任何部分,虽未经标示但需移走的"堆积物"和球场管理人员所挖掘的"坑穴"都属于这一范畴。而在通常情况下,整修地经常是指球道中因病虫害对草坪造成危害的需要修整和保护的地区。针对这种情况,在检查场地时,必须用蓝色的立桩和线来将上述地区标示出来,并且在当地规则中要注明在整修地内或被标示的整修地的环境敏感区内不可以打球。如果在一个球道中,由于几个相邻的小的整修地相对集中在某一个区域,竞赛委员会可以将这些相邻的小的整修地设置为一个较大的整修地并给予标示。

4. 妨碍物的认定方面

赛前竞赛组委会在检查场地时,要以规则的有关规定为依据来对球场中的妨碍物的性质给予界定,并要在当地规则中加以说明。从规则的角度讲,妨碍物是指任何人造物体、道路及通道的人造表面和侧面部分以及人造冰。标示界外的物体诸如墙壁、栅栏、立桩、栏杆以及在界外不可移动的人造物体的任何部分,其中竞赛委员会在当地规则中明确地属于球场建设不可分割的建筑物也属于这一范畴。

(三)球洞区的检查与旗杆位置的设置

球场设置中的另一项重要工作就是赛前对球洞区的检查和球洞(旗杆)位置的设置。一般来说,检查和设置比赛场地往往是把重点放在球洞区通道,而容易忽略对球洞区和周围情况的检查和设置,这点是值得注意的。

总的来说,球洞区的检查和设置的进行是以以下两个方面为中心来进行的。

1.针对球洞区周围环境的检查和设置

有些比赛场地球洞区周围的环境比较复杂,从球场设计者的角度讲想以此来提高球场的难度,例如水中的“岛果岭”,或果岭周围是植被茂盛的长草或热带雨林等。一旦球进入这些地方就很难打出,甚至根本无法找到球。因此,这就要求在检查和设置场地时,事先就考虑到各种这方面的问题,并通过对比赛场地的客观合理的设置,从而使球员能够正常地发挥技术水平。比如,作为水中的“岛果岭”,要以水障碍的具体情况为依据设置界线和立桩,并在适当的地点为球员设置出“抛球区”。而当球洞区周围被植被茂盛的长草或热带雨林所包围时,可以考虑将球洞区周围设置界线(如红色立桩和线)。如果球洞区后边或左右两侧是球车道,竞赛组委会则应在当地规则中对该球车道是妨碍物还是不可移动妨碍物加以说明。

2.球洞区旗杆位置的设置

作为一次有数轮比赛的赛事活动,对每一轮球洞区的旗杆位置进行调整是必要的。而球洞区旗杆位置的设置与调整,则要以球洞区(果岭)的难易度、比赛的性质和球员水平为依据来加以考虑。一般来说,竞赛组委会是以旗杆的不同颜色(如蓝、白、红三种色)区别旗杆所在不同位置的距离和难度(如蓝旗的位置最远或最难，其次是白色和红色）。

（四）以检查和设置比赛场地情况为依据制定当地规则

《高尔夫球规则》赋予了竞赛组委会很大的权力，这也就意味着，高尔夫比赛由于场地的千差万别，规则只能对高尔夫比赛的一般规律性的问题做出统一的规定和规则解释及处理原则。当然，在很多情况下规则不可能面面俱到，也不可能囊括全部。因此，规则也就将比赛中的一部分处理权力赋予了主办或承办比赛的竞赛组委会。

作为竞赛组委会要想运用好规则所赋予的权力，就必须在赛前对场地进行认真细致的检查，并以实际情况为依据评估比赛场地的好坏，竞赛组委会在赛前检查和设置比赛场地的工作越细致，当地比赛规则制定得越准确，比赛中出现的问题就越少，裁判工作就越容易。反之，比赛一开始，由于赛前工作的不充分或不细致，往往就会导致各种问题的出现与发生，同时，也会使裁判的工作量大大增加。因此，制定当地比赛规则应是在全面细致的检查和设置比赛场地的基础上完成的。换句话说，就是当地比赛规则不能以主观想象和判断来制定，必须做到客观准确，全面细致。

竞赛组委会在制定比赛当地规则时，要以《高尔夫球规则》中有关当地规则和当地规则参考案中的有关规定为依据来加以制定，真正做到界定明确，条理清晰，简明扼要，通俗易懂。

（五）对规则之外的有关赛事要求和球员须知，或在当地规则中附加相关说明

在很多比赛中，出于对比赛赞助商权益的考虑，在当地规则以外需要有一些附加说明。这些附加说明可能不一定是规则的具体条文，但一旦纳入当地规则时，所有参赛球员都要遵守。比如，某一次比赛是由某某品牌赞助的球，该比赛是采用“一球制”，换句话说，就是球员在比赛时只能使用该品牌的球，如果使用其他品牌的球，将视球员的比赛成绩无效。又如在一次差点指数为1.2～8.5的比赛中，竞赛组委会必须在当地规则的附加说明中，

将参赛球员报名参赛的差点指数的确认时间明确表示出来。另外，什么时间开球、球员在何地练球等都应在附加说明中明确下来。

第二节　竞赛期间的组织与管理

竞赛期的管理与实施过程，实际上是在赛前组织与管理工作基础上的延续，其以不同规模和不同性质的比赛要求为依据进行。

一般来说，比赛中相关事项的组织与管理工作的内容主要有以下几个方面。

一、比赛开球的组织与管理

（一）同一发球台开球的组织与管理

作为职业比赛或高水平的业余比赛（如排名赛、锦标赛等），竞赛组委会往往都是组织参赛球员在同一发球台开球来开始比赛的。竞赛组委会应在赛前通过公告牌或其他的形式，将所有参赛球员的编排分组和每一组的发球时间告知所有参赛球员。

作为在同一发球台开球的组织与管理，需要对以下几个方面的事项加以注意。

（1）处在第一发球台的裁判员（出发员），要严格遵循《高尔夫球规则》中有关发球时间的规定，并且严格按照每一组预定的发球时间依次进行。可以说，球员按照竞赛组委会规定的时间发球，是每一个参赛球员的责任。

（2）球员在规定的发球时间之前到达发球地点，竞赛组委会可以安排在第一发球台附近的推杆练习区或指定的区域等待发球。但是需要强调的是，等待发球的球员不应在第一发球台或其周围进行挥杆练习，因为这样可能会对正在发球的球员或其他球员正在进行的相关活动产生影响。此时，就要求作为助理出发员应协助出发员，对第一发球台等待发球的球员做好相关管理工作。

(3)在第一发球台的显著位置，竞赛组委会应配置一个可供所有参赛球员掌握发球时间的标准时钟。裁判员(出发员)要以编排分组表的发球顺序和发球时间为依据，宣告并检查参赛球员的有关证件，同时告知下一组准备发球的参赛球员姓名。

(二)在不同发球台同一时间的开球组织管理

在一些参赛球员较多的大型高尔夫赛事活动中，为了合理安排比赛的时间，竞赛组委会可以在当地规则的附加说明中规定在若干个发球台同时开球。比如，以参赛球员的总人数为依据，可以安排在第1和第10发球台同时开球，在18个发球台同时开球也是可以的。

1.在第1和第10发球台同时开球的组织管理

上下半场两个发球台同时开球，竞赛组委会应在比赛前适当的时候，将编排分组表分送给每一位参赛球员，或通过公告牌的形式告知所有参赛球员。同时，在第1和第10发球台，竞赛组委会应各配置一个可供所有参赛球员掌握发球时间的标准时钟。

2.18个发球台同时开球的组织管理

一般来说，这种情况往往是在业余比赛时发生的，由于参赛球员人数众多，为了保证比赛在基本相同的时间结束所采用的开球组织方法。而处于这种情况下的同时开球，与参加比赛的球员正好为18组，或者每一个发球台仅一组球员并不是等同的关系。在参赛球员较多而需要节省时间的情况下，可以以长洞、中洞和短洞的不同情况为主要依据，合理地将参赛球员分别安排在不同的发球台开球。比如，在一次有100名球员参加的高尔夫比赛时，竞赛组委会编排成25组，如果在同一发球台发球，其需要3小时20分钟。而如果在18个发球台同时开球，就要对各组进行适当安排，将他们分别安排在不同的发球台。比如，凡是在5杆洞的发球台，每一个发球台安排2组；4杆洞的发球台，前9洞其中有3个发球台安排2组，其他安排1组，而后9洞中的3个发球台也安排3组，其他各安排1组；3杆洞的发球台每一个发球台也安排1组。如此一来，就可以将各组参赛球员，合理地分别安排到不同的发球台。

竞赛组委会应在赛前通过公告牌，将各组的发球地点告知所有参赛球员并说明在何时到达发球地点。在所有参赛球员按规定的时间到达发球地点之后，由竞赛组委会使用信号（如汽笛、鸣炮、鸣枪等）告知各个不同发球台上的裁判员（出发员），通知球员开始发球。

18个发球台同时开球时，每一个发球台都应有一名出发员，以监管和协调参赛球员能按竞赛组委会的要求，在得到统一开球的信号之后开球。

（三）多轮比赛的开球组织与管理

作为职业比赛，由组委会提前确定开球时间，并确保通知到各位球员。一般来说，职业比赛（男子4轮、女子3轮）前两轮比赛一般是3名球员为一组。男子比赛的后两轮和女子比赛的最后一轮，一般为两名球员为一组。前两轮的开球时间的安排，应考虑第一轮和第二轮球员的开球时间相对合理，即每一组球员都有一个较早和较晚的开球时间。而后两轮（女子最后一轮）则是按照前两轮的比赛成绩安排开球的时间顺序，即前两轮成绩较好的球员，开球的时间拖后，反过来，开球时间排前。如果比赛时采取两个发球台同时开球，则第一轮从第1洞开球的球员第二轮应做出从第10洞开始比赛的安排。

二、比赛进行中相关事项的管理

以不同比赛规模和比赛性质为主要依据，比赛组织人员的结构也不可能相同。在通常情况下，举办一次大型的高尔夫赛事活动，在比赛进行中的相关事项及管理工作所包含的内容主要有以下几个方面。

（一）在比赛易发生问题的区域设置比赛观察员

《高尔夫球规则》规定，观察员是由竞赛组委会指定的帮助裁判员判定事实问题或向裁判员报告球员违反规则情况的人员。在比赛进行中，观察员不应有照管旗杆、站在球洞边、向球员指示球洞位置、拿起球或标定球的位置等行为。也就是说，观察员无权就比赛进行中球员违反规则的行为或对球的状态进行裁决和评判，只能对比赛中出现问题的事实向裁判员提供信息和帮助，裁判员则应根据观察员所提供的信息和帮助，对问题的事实进行裁决。比如：在一次比赛中，竞赛组委会在某一个球道的容易出现问题或争议的区域设置了观察员，当比赛中出现了球员从发球台开球，球进入了该区域，对此情况观察员只能向裁判员提供球所在的位置信息，或帮助球员在可能进入的长草或水障碍寻找球，而对球的状况和球员的行为则无权做出裁决和评判。

（二）对现场观众较多的大型比赛设置比赛安全员

在举办大型比赛时，设置比赛安全员能够有效保证球员技术水平的有效发挥。安全员不是竞赛的裁判人员，维持比赛的良好秩序，保证球员在肃静和无任何干扰的状态下打球，是其主要职责所在。

通常情况下，竞赛组委会以可能到场观看比赛的观众规模为依据来配置安全员的人数。当球员在发球台或球洞区通道准备打球时（包括做打球前的挥杆练习），安全员应高举手中的警示牌

(警示牌上写有安静字样"QUITE")来告知观看比赛的观众:请保持肃静,不要来回走动或大声喧哗。安全员应与球员打球行程保持一致,并始终处在球员打球位置的场外或发球台周围适当位置。但是,还需要注意的是,不要站立在球员击球线的后面,以免影响球员打球。

(三)以不同比赛方法为依据配置记分员

记分员是由竞赛组委会指定的,在比杆赛中记录球员分数的人员,可以是同伴比赛者,记分员没有权力对比赛中球员的行为和球的状态进行裁决和评判,但当裁判员向记分员询问有关事情时,记分员应如实客观地向裁判员提供他所掌控的准确的信息,从而为裁判员对此做出准确的裁决提供便利。记分员应在球员每一洞的击球入洞之后,在下一洞准备发球之前,对球员上一洞的击球杆数进行准确记录。在球员打完全部 18 洞之后,由球员签字并经比赛的同伴确认(签字)之后,由记分员签字并提交竞赛积分组。

(四)以比赛需要为依据来对裁判员合理配置

裁判员是由竞赛组委会指定的、与球员同行以判定事实问题并执行规则的人员,应对自己观察到的或接到报告的所有违反规则的行为采取行动和判罚。裁判员在比赛中不应照管旗杆、站在球洞边、指示球洞位置、拿起球或标定球的位置。当裁判员认为必要时,可以向比赛观察员、记分员或比赛者的球童询问有关比赛中所出现问题的事实,并对出现问题的事实依据高尔夫规则做出裁定和判决。

在高尔夫规则当中,并没有就一次高尔夫比赛需要设置裁判员的人数作明确的规定。因此,竞赛组委会要以比赛的规模、比赛的性质和技术等级为主要依据,来适当配置裁判员。

一般来说,对于大型高尔夫赛事活动,竞赛组委会可以在 2～3 洞之间至少配置一名裁判员,有时会以需要为依据分别在发球区、球洞区通道和球洞区各配置一名裁判员。当然，对于有电视转播的大型高尔夫赛事活动，每一球洞上的裁判员还应通过对讲机及时将球员在每一洞上的分数报告给竞赛记分组，以便记分组及时将不同球员的比赛分数在比赛积分牌上公布。

三、赛事期间草坪养护与球场维护

比赛的草坪和球场，在高尔夫赛事中有着非常重要的地位，是不可或缺的重要方面。因此，在赛事期间做好草坪的养护和球场维护工作是非常重要且必要的。

(一)赛事期间比赛场地草坪养护

在比赛期间需要养护的场地草坪主要包括以下几个方面。

1.果岭草坪的养护

在整个比赛场地草坪养护中，对赛前果岭草坪的养护可以说是重中之重，究其原因，主要是由于果岭草坪是高尔夫球场草坪养护中难度最大，也是最容易出问题的地方，会直接影响到整个大赛期间球员的成绩，是电视和平面媒体关注最多的区域。

大赛期间对果岭速度有着非常高的要求，因此，果岭就必须要保持快速、稍硬、美观。一般拉丝，锦标级比赛果岭速度要求达到10.5英尺以上，草坪的剪草高度一般控制在3～3.8毫米。对于此，养护措施主要为：剪草、施肥、病虫害治理、水分控制、打孔、梳草、切根、铺沙、滚压等。

果岭草坪在养护初期要留高草坪，随着比赛时间的临近逐渐降低草坪高度，直至达到比赛草坪的高度要求。在进行相关的养护期间也要留高草坪，如此一来，能够对草坪草根长叶壮、生长旺盛起到积极的促进作用。

为了使果岭草坪的剪草高度保持在3～3.8毫米，往往会采用新型快速果岭剪草机，这是最有效的办法。使用快速果岭剪草机可以比普通果岭剪草机剪出高球速的草坪，而且不需要将草坪修剪得过低。

施肥一般是与水分控制、打孔、梳草、切根、铺沙、滚压同时进行的。施肥时，要以果岭的现状为依据来对 N、P、K 和微量元素肥的比例加以调整。

治理病虫害主要是为了减少病斑，使果岭表面各区域草坪密度、颜色、弹性、果岭速度均匀一致，达到最佳效果。

在临近比赛期间要结合天气状况逐渐减少浇水次数，比赛前两天往往一天浇一次水。

保证果岭达到快速、硬实、美观所采取的有效措施通常为打孔、梳草、切根、铺沙、滚压等。通常情况下，打孔要采用空心打孔，如此一来，能够有效改善果岭土壤通气性能；每个果岭都要先对有明显凹陷的地方进行仔细的手工补沙，然后再进行机械铺沙。铺沙要多次，打孔后也要铺沙，多次铺沙就能形成一个平滑的果岭面。滚压能使果岭表面的平整度和果岭硬度得到有效提高，使果岭球速增加。滚压在铺沙后和在剪草后都可以进行。

大型比赛对果岭的难度有更高的要求。通常情况下，球场会对达不到难度要求的果岭进行改造，主要是抬高果岭表面坡度，加大果岭前后的坡长等。改造完成后草坪养护措施也要跟上。

通过这些措施，能够使果岭草坪枯草层的厚度有所降低，草坪的密度、硬度和平滑度有所增加。

2. 发球台场地草坪的养护

发球台比赛场地草坪要求主要表现为：高度 10 毫米，土壤硬度适宜，草坪密度和颜色均匀一致。以比赛难度的要求为主要依据，有些球洞要增加长度，需要后移发球台。一旦确定需要后移发球台就要尽快实施，从而为移动后的发球台留出更多的养护时间提供便利。

对有问题的发球台要做好整修计划，要对所有的发球台采取施肥、病虫害治理、打孔、梳草、切根、铺沙、滚压等措施，从而使发球台土壤硬度合适，草坪密度和颜色均匀一致得到保证。

3. 球道草坪的养护

大型比赛一般会对4杆洞、5杆洞球道的宽度有所收窄，有时也会把距离较短的5杆洞改为4杆洞，这就需要有针对性地改造相应的球道。球道草坪的高度为10毫米，要求草坪密度和颜色均匀一致。要对所有的球道采取施肥、病虫害治理、打孔、梳草、切根、铺沙、滚压等措施，使草坪密度和颜色均匀一致，使草坪的外观质量得到有效提高。

4. 半长草区和长草区的养护

半长草区比赛期间草坪高度为25毫米，过渡草坪地带宽度为1.5米。长草区草坪高度为70～100毫米，景观长草(如芦苇)的高度可以按其自然高度生长。草坪养护的日常措施主要包括施肥、修剪等。

5. 沙坑的维护

通常，也需要增加果岭和球道沙坑数量，加大沙坑边缘坡度，对大雨冲刷的沙坑边缘加以整修、加固，如此能够使球场难度得到有效提高。一般来说，沙坑沙层的厚度要达到13～15厘米，每个沙坑的沙层厚度都要一样，耙沙时要对着果岭旗杆方向拉平。

6. 水障碍的养护

关于水障碍的养护，主要在于球场内湖水质的改善。具体来说，可以在湖面开阔的水域安装喷泉，这样不仅能够使景观效果增加，还能够使水质得到改善。对湖的边缘也要进行美观修整，可以移植一些造型美观的水生植物，放养野鸭等野生动物。

7. 树木花卉养护

现在大型比赛一般都有电视转播，鉴于此，就要求球场更加美观。具体可采取的措施为：可在球场的会所、进场道路、练习场等附近增加花卉景点，移植造型美观的树木。在球道的某些区域，以球道难度的要求为主要依据，提前移栽一些比较高大的树木。定期对树木花卉进行施肥、浇水养护。

(二)赛事期间练习场地草坪养护

对练习场地草坪养护的主要目的在于在比赛前和比赛期间为球手练习创造一个良好的场地环境。

1.练习场真草练习区草坪养护

国际大赛一般都要求赛事承办球场的练习场有30～40个真草打位席，球道长度为300～350米，草坪宽度为15～18米。练习场打位草坪的品种、修剪高度、草坪密度、草坪硬度都要和比赛场地发球台草坪相同，养护的措施也应该一样。

2.推杆练习果岭草坪养护

通常情况下，都要求有一个1 500平方米左右的推杆练习果岭，有15个以上的洞杯。比赛练习日要设有围栏，仅留供比赛球员进出的出入口。推杆练习果岭草坪的品种、修剪高度、草坪密度、草坪硬度都要和比赛场地果岭草坪相同，养护的措施也应该一样。

3.短铁杆与沙坑杆练习区草坪养护

短铁杆与沙坑杆练习区的果岭面积在1 000平方米左右，周围有2～3个沙坑，短铁杆练习区草坪高度在10毫米。草坪的品种、修剪高度、草坪密度、草坪硬度都要和比赛场地草坪相同。

(三)赛事期间球场维护

1. 赛事期间球场维护的基本内容

(1)制定工作时间表，合理安排剪草时间。

(2)由于观众较多,应特别注意环境卫生。

(3)观察天气与球场情况。

(4)突发事件处置。

2. 赛事期间球场维护的注意事项

(1)每轮比赛洞杯位置都要进行更换。

(2)洞杯位置离果岭边缘距离应大于 10 英尺,半径 4 英尺范围内应相对较平或至少球能停住。

(3)锦标赛期间所有其他 Tee Marker 应都拿走。

(4)Tee Marker 放的位置离发球台后面不能低于两球杆长度,如果后面有广告牌等障碍物,离障碍物不得低于四球杆长度。

(5)练习区域锦标赛前 2～3 天开放供选手练球,每天开放时间要以赛事委员会要求为依据来确定。

(6)由于比赛时可供剪草的时间很短,约 1 小时,因此,机械和人力都要备足。

第三节　竞赛结束期的组织与管理

比赛结束时的组织与管理工作是圆满完成整个比赛十分重要的环节之一。对参赛球员而言,在第 18 洞比赛一结束,那么,就意味着球员本轮或全部的比赛结束了。但对于赛事组织者来讲,此时的工作并没有结束,相反更加重要。比如在比赛结束时,记分组如果对球员成绩计算错误或没有按照规则的要求认真核对比赛成绩的有效性,会导致出现球员的成绩和比赛名次排列出现无法弥补的错误的结果。因此,作为竞赛组织者必须认真细致地做好这一阶段的工作,从而使任何失误和差错都得到有效避免。

一、竞赛记分组的管理工作

竞赛记分组的工作有着非常重要的意义，其不仅是事关球员比赛成绩和排名是否准确无误的重要环节，同时也是竞赛组织工作最后一项事关全局的工作。因此，这就要求竞赛记分组的工作必须做到严肃谨慎、准确无误、客观公正、杜绝失误。

一般来说，竞赛记分组的工作应按照事先确立的工作流程，对每一个工作细节进行严格把关。具体来说，竞赛记分组的管理工作内容主要有以下几个方面。

（一）设立收卡和确认球员有效成绩的专门负责人

收卡是记分工作最容易出现问题，也是准确计算球员成绩的一项重要工作。究其原因，主要是由于一旦球员将比赛记分卡提交竞赛记分组，那么就意味着球员最终的比赛成绩确定了，球员再有任何涂改的情况就不允许了。所以，记分组应向所有参赛的球员明确提交记分卡的形式和时间，从而使这一环节的工作不出纰漏。比如球员提交记分卡时，收卡人员以签名确认球员比赛成绩为有效成绩的形式，确认球员已提交了记分卡，或由球员再检查记分卡，确认已有同伴比赛者的签名和自己签名。之后，再将记分卡投入由竞赛组委会专门设置的收卡箱中，以此来将球员提交记分卡等确定下来。

（二）记分卡验收人员确认记分卡有效性

登记和计算球员成绩要以确认记分卡是否有效为依据来进行。因此，验收人员一定要在核实记分卡时确认是否有记分员的签名，是否有同伴比赛者的确认以及球员本人是否签名，只有在以上确认都签名之后才能作为有效成绩进行登记和计算。否则，将按无效卡处理。如果验收人员在验收时发现记分卡有涂改之处，则必须对有相关人员的签名认可加以确认，如果没有相关人员在涂改之处签名确认，那么该记分卡也将被认为是无效卡。

(三)以赛前所公布的竞赛办法为依据登记和计算成绩

以竞赛规程所颁布的竞赛办法为主要依据，对球员所提交的比赛记分卡，按照不同的记分方法进行登记和计算。对于已登记和计算的球员成绩，一定要进行再一次检查，因为只有在确认球员的成绩和名次无误的情况下，再经大会裁判长签名，最后才能够将球员的成绩和名次确定下来。

二、比赛颁奖仪式的组织与管理

组织比赛的最后一项工作内容，就是宣布比赛成绩和举行比赛颁奖仪式。以比赛的性质和参赛人员的规模为主要依据，比赛颁奖仪式可依据不同情况而定。比如，有的大型高尔夫赛事活动，一般是把比赛颁奖仪式设在场地比较开阔、环境较好的比赛成绩公告牌前进行；而有的则是在高尔夫球会或俱乐部的会所大厅举行。对在什么地点举行颁奖仪式起到决定性影响的是大会组委会的事先安排，而颁奖的议程也是以比赛的性质和参加颁奖活动的人员规模为依据而定的。

一般来说，颁奖仪式的内容主要有以下几个方面。

(1)主持人介绍与会颁奖嘉宾。

(2)大会裁判长宣布比赛名次和成绩。

(3)竞赛委员会主席(或特邀颁奖嘉宾)向获奖球员颁发奖杯、奖品或奖章和证书。

(4)获奖球员讲话。

(5)竞赛委员会主席(或特邀颁奖嘉宾)讲话。

(6)竞赛委员会主席为赞助商或承办、协办单位颁发纪念品。

(7)颁奖嘉宾与获奖球员合影留念等。

三、其他比赛后续管理工作

竞赛结束之后，除了上述两个方面的重要工作之外，还有其他一些后续工作需要处理，具体包括以下几个方面。

（一）编制和印发成绩册

要以各项竞赛规程中有关录取名次和计分方法的规定为主要依据来编制竞赛成绩册。

一般来说，成绩册的内容依次为：破纪录情况，各单项名次情况，获其他奖励名单及各项目比赛成绩表。

（二）赛后归档文件

筛选精彩赛事图片，制作网上专题报道。向各个媒体发稿，或请资深记者编写专稿，进行新闻报道。按照宣传方案逐步实行。制作电子杂志，电子邮箱发送或刻成光碟进行邮递。收集所有媒体报道，整理成集。做好赛事资料的整理归档。

1. 内容归档项

归档的内容主要有以下几个方面。

（1）赛事所用设备，如对讲机、测距仪、工作证等。

（2）文字文件资料：如收据、签到本、分组表等。

（3）记分卡。

（4）横幅、背景板、成绩表。

（5）领导题词。

（6）赛事奖品、纪念品。

（7）影像资料。

2. 归档要求

在归档时，需要做到以下几个方面的要求。

(1)影像资料以 DVD 光盘形式存放,确保影像清楚完整。

(2)设备确保完好无缺,数量及型号记录在案。

(3)文字资料保存完整,账目清晰。

(4)其余物品确保整洁。

(三)竞赛总结

竞赛总结,实际上就是对赛事经验加以总结,细致分析整体细节,将根本原因找出来,并结合自身情况,将相应的解决办法提出来。具体来说,竞赛总结主要包括以下几个方面。

1.基本情况

具体来说,主要包括:本次赛事的规模、时间、项目、参赛人数统计及各项目的成绩。

2.主要经验

具体来说,就是指在组织工作中有哪些突出特点,取得哪些宝贵的经验。

3.存在问题

具体来说,就是指出在比赛中还有哪些欠缺的地方,并找出存在问题的原因。

4.建议

具体来说,就是根据本次赛事的经验和教训,对下次类似的赛事提出建设性意见。

竞赛总结与剪报、会议记录与日记式文章的汇集之间并不是等同的关系。好的竞赛总结,应将整个赛事从筹备开始到竞赛结束,对各方面的工作都加以考量,一一叙述整个赛事的优缺点,并进行归纳整理,集结成报告书,供后来的筹办者作为举办赛事的指引。

(四)赛事实效评估

关于赛事的实效评估,主要包括以下几个方面的内容。

(1)评定整体比赛的顺畅情况和比赛的氛围。

(2)分析赞助商的广告宣传效果。

(3)评估整理赛事的整体效果,并向主办单位汇报。

第七章　高尔夫赛事资源管理体系的构建

高尔夫赛事的举办涉及诸多方面，需要各方面因素的调动和资源的合理配置，一场高尔夫赛事的顺利开展离不开各个组织机构和部门的配合以及对各种赛事资源的协调管理，只有做到高效、合理地利用赛事资源和进行赛事资源管理，才能最大限度地降低赛事成本并获取相对最大的赛事效益，这对于高尔夫赛事的良好知名度和美誉度的提高是十分有益的。高尔夫赛事管理资源内容丰富，如何做好对诸多重要赛事资源的管理是一门学问，本章就主要针对高尔夫赛事资源管理进行系统深入分析，以为高尔夫赛事组织、管理和经营者做好赛事管理工作提供理论和实践指导。

第一节　高尔夫赛事物力资源管理

一、高尔夫赛事物力资源管理基础

（一）物力资源管理的任务

1.合理配置各种高尔夫设施设备

高尔夫赛事的举办需要一定的高尔夫运动器材器具，作为一项“贵族运动”，高尔夫赛事的举办期间，对各种高尔夫设施设备的物力资源管理，要充分考虑其设施设备的使用性能、科技含量、豪华程度、完好状况等影响，对高尔夫赛事档次和规模进行准确定位。

一般来说，高尔夫赛事的运动设施设备越是豪华，其档次就越高，但是必须提出的是，高尔夫的“贵族运动”身份并非代表其赛事举办投入资金越多越好、赛事设施设备越高昂越好，管理者应做好体育赛事场馆档次和规模的定位，对设施设备进行合理选择和配备。

2.为赛事的正常举办提供保障

对于高尔夫赛事中种类多、数量大、涉及面广的多种设施设备、体育器材的管理，管理者必须设定科学的管理方法，应做到分级管理、分工协作、专人负责，制定科学的管理体系和管理制度，以保证设施设备在任何情况下都能正常使用。

3.及时保养、维修、更新物力资源

为了确保高尔夫赛事的正常、如期举办，高尔夫赛事的管理者必须对原有项目设施设备进行不断的保养、维修、更新，这也是高尔夫设施设备能正常运行、延长其使用寿命的重要环节。

管理者在制定保养、维修、更新制度时应包含：要求加强管理人员的责任心，对设施设备进行定期检查，发现问题及时解决；熟悉掌握设施设备的性能、特点、使用方法、操作规程；制定维修计划，不同时段的不同修理方法，并安排具体时间进行，为赛事的正常运作提供物质条件。

（二）物力资源管理的要求

1.卫生整洁，环境优雅

为满足运动员和其他运动者的参赛需要，帮助他们保持良好的身心状态，高尔夫赛事应为所有参赛人员创造一个整洁、安全、优雅的比赛环境。

具体来说，长期使用的大型器材应相对固定摆放，并定期进行检查维护，以保证安全使用。除此之外，要保持高尔夫器材和草坪的卫生，定期进行相应的消毒和保洁工作，环境尽量保持优雅舒适。

2.器材摆放秩序井然

高尔夫球、球杆等运动器材的摆放应该做到分门别类，秩序井然，不要在场内随意摆放，以免给球手的击球造成干扰。

3.使用前后，安全检查

针对场地、设施，在使用前，应由专人对设备状况进行检查，并做好调试工作，确保其设施设备的安全有效，如检查地上是否有尖锐物。在场地使用结束后，也需指定专人对其设备进行检查。

4.制度健全，责任分明

高尔夫赛事物力资源的管理是一项细致、艰巨的工作，需要制度化，实行责任制，实行岗位责任制是非常重要且必要的。

5.重视服务和安全管理

高尔夫赛事开展期间，各种设施设备的完好率应达到98%以上，并且尽可能地接近100%。保障有95%的运动员对设施设备的使用表示满意，保持100%的维修及时率。

6.及时劝阻，及时报修

针对出现设备故障的情况，应做好两方面工作。一方面，阻止运动员继续参与使用。另一方面，管理负责人填写请修单，时间紧急可先电话告知，在事后再补交请修单，报工程部维修。

(三)物力资源管理的程序

高尔夫赛事的举办期间,对物力资源的管理是从选购设施设备或自行设计制造设施设备开设的,此后的每一项关于物力资源的管理环节都要做到细致,以确保在高尔夫赛事前、赛事举办过程中,都能为运动员提供良好的物质条件,如图 7-1 所示。

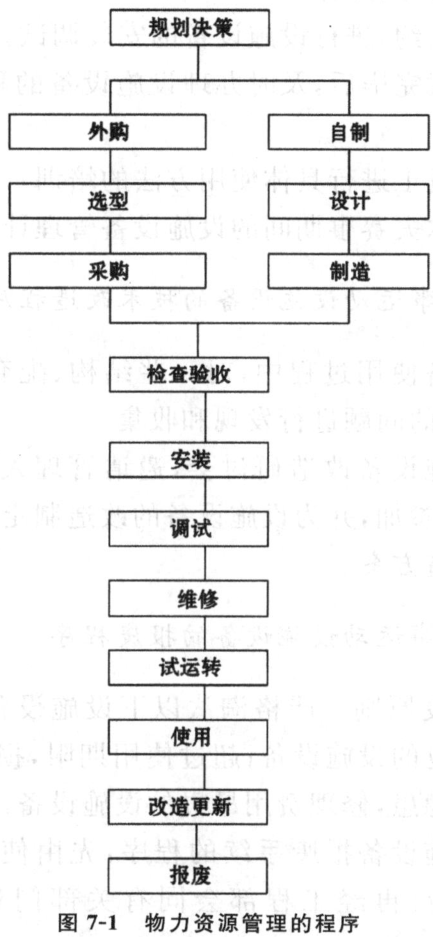

图 7-1　物力资源管理的程序

在对高尔夫赛事的物力资源的不同管理阶段,有几个管理环节非常重要,需要认真对待,具体分析如下。

1. 高尔夫赛事运动设施设备的更新程序

(1)制定高尔夫赛事运动设施设备的更新计划。

(2)报给上级进行申报、审批。

(3)收集资料,选定型号。

(4)联系商家,订购设备。

(5)设备到货,入库保管。

(6)与商家预约,进行设施设备的安装调试。

(7)安装调试完毕后,及时办理设施设备的移交、入账和建档手续。

(8)对岗位员工进行具体使用方法的培训。

(9)制定高尔夫赛事期间的设施设备管理计划。

2. 高尔夫赛事运动设施设备的技术改造程序

(1)设施设备使用过程中,对一些结构、配套、安装等方面与经营需要不适应的问题进行发现和收集。

(2)召集设施设备改造研讨会,邀请管理人员、使用人员、工程技术人员一同参加,并为设施设备的改造制定方案。

(3)实施改造方案。

3. 高尔夫赛事运动设施设备的报废程序

(1)制定报废原则。严格淘汰以下设施设备:国家指定淘汰的产品;无法修复的设施设备;超过使用期限,损坏严重的设施设备;有严重安全隐患,修理费用昂贵的设施设备。

(2)办理设施设备报废手续的程序:先由使用部门对设施设备提出报废申请,再经工程部会同有关部门进行技术鉴定和确认。

二、高尔夫赛事物力管理的内容

(一)高尔夫草坪场地的管理

高尔夫赛事的举办，比赛场地为高尔夫球场，对于球场的草坪应做好如下管理。

(1)严格遵守草坪场地使用规定。

(2)爱护草坪和场内设施，保持场内卫生。

(3)禁止其他非赛事车辆进入草坪。

(4)根据季节和草的生长情况合理使用草坪场地。

(5)赛前(和非竞赛期间)，做好草坪场地的越冬管理。

(二)高尔夫运动器材的管理

1.购置管理

(1)在购置器材设备时，要经过细致的考评和研究，选择国家正规的体育器材生产厂商的产品。

(2)购买器材事物要指派专人全程跟踪完成，以求对购买的体育产品做到严格把关。

(3)按比赛规则的要求购置体育器材，购置过程中，对体育器材应认真挑选，看其是否符合比赛规则中的有关规定，以免影响比赛、造成资源浪费。

2.入库管理

体育器材购入后应分门别类进行入库存放。根据不同的体育器材的质地和用途，对于一些器材予以特殊照顾，如木质器材和电子器材需要放置在干燥处；金属器材不要放置在高处。

3.比赛管理

高尔夫比赛期间，对于运动员的高尔夫运动器材、设备的使用，要做到及时供应，方便球手参赛。

(三)高尔夫设施设备的管理

1. 设施设备构成

高尔大赛事的设施设备较多，具体参考表 7-1。

表 7-1 高尔夫赛事主要设施设备

设施		设备	
高尔夫球场 住宿 更衣间 急救和医护室 办公室 新闻室 失物招领处	接待处 储物/卫生间 停车场 高尔夫练习区 销售点 会议室 供电/照明 高尔夫产品展览区	计算机 传真机 文具 桌椅 通信设备 对讲机/电话 积分板/显示板	旗帜 路障 计分板/成绩板 球具检测维修设备 制服/保护服 照明 帐篷 其他

2. 设施设备维护

为确保高尔夫比赛过程中各种器材设备的正常使用，在比赛开始前，应做好日常和赛前重点维护、维修、保养。

(1)日常维护保养工作。在高尔夫赛事举办前，针对日常使用较多的设施设备，应对设施设备进行规范操作，并对各运行参数进行定时巡视记录，随时注意运行中是否有异声、振动、异味、超载等现象。

(2)定期维护保养工作。由操作人员来进行，检查人员协助参与。

(3)设备点检：进行不同专业和不同阶段的协调检查，通过各类专业技术和各个层次的工作人员的相互配合、协调，形成一套完善有效的高尔夫赛事运动设施设备管理体系(如图 7-2 所示)。

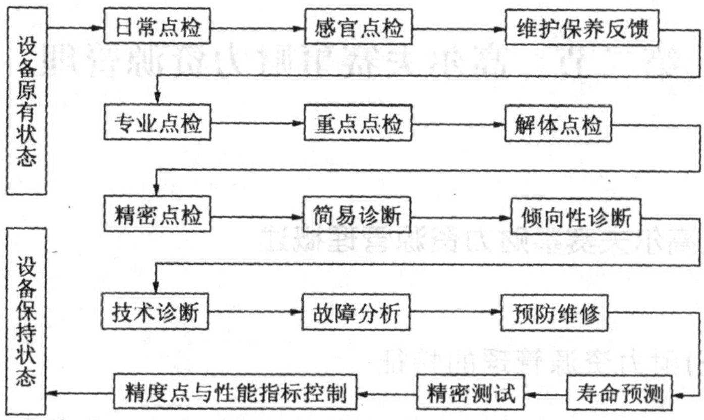

图 7-2　设施设备管理体系

3. 设施设备维修

(1)赛前日常检修

做好日常检修能有效延长体育设施设备的使用期限，适用于大多数设施设备的修理。

高尔夫赛事经营的专业维修人员，在设备运行过程中应当经常巡查检测，因为设备故障往往由一些细小问题引起，通常设施设备零部件的磨损都是从量变到质变的过程，要及时发现和解决一些事故隐患，使设备更长久地运转。

(2)赛中即时修理

高尔夫比赛过程中，设施设备发生故障后，工作人员应当及时对其产生故障的原因进行排查并尽快修复，并做好修理记录，以便检查、验收和赛后管理工作汇总。

第二节 高尔夫赛事财力资源管理

一、高尔夫赛事财力资源管理概述

(一)财力资源管理的特征

(1)目的性:高尔夫赛事的财力资源管理是一种价值管理工作,它主要通过对价值形式规划和控制高尔夫赛事的运作与经营,从而达到提高企业效益的目的。

(2)综合性:通过对高尔夫赛事的财力资源的有效管理,对资金活动进行合理的组织,并且处理好同各方面的财务关系,使企业各方面的生产经营活动都能有效地开展。

(3)指标特征:由于高尔夫赛事财力资源管理的指标能反映赛事的运作经营状况,因此,通过高尔夫赛事财力资源管理的相关财务指标可以反映出赛事举办过程中的财力资源管理的许多问题,例如赛事运营决策是否正确。

(二)财力资源管理的任务

高尔夫赛事的财力资源管理任务,主要通过对价值形式的利用,来组织财务活动,为实现高尔夫赛事的科学商业化运作和经营任务的实现而服务。具体来说,高尔夫赛事的财力资源管理的基本任务如下。

(1)正确筹集资金,满足高尔夫赛事运作、营销、经营的需要。

(2)合理使用资金,提高资金利用效果。

(3)降低成本费用,增加赛事盈利。

(4)分配赛事资源,依法缴纳税款。

(5)做好财务监督,维护财经纪律等。

(三)财力资源管理的目标

对于任何赛事来说,赛事的经营运作中对财力资源的管理就是要实现赛事的经济效益的最大化,高尔夫赛事财力资源管理也不例外,最大限度地获得经济效益是高尔夫赛事财力资源管理的最基本的目标。

此外,高尔夫赛事并非只强调经济效益,还要求实现社会与环境等综合效益,因此,在财力资源管理中,在降低赛事成本、扩大赛事盈利的基础上,还要对赛事营业收入、费用开支管理、票据管理等的方面的分配管理,在对资金的时间价值和风险报酬充分考虑的情况下,使赛事获得经济效益,并获得较高的知名度和美誉度。

二、高尔夫赛事财力管理的内容

(一)收入管理

1.收入渠道

(1)事业拨款:从体育行政部门进行拨款,用于购置设备和场地建设的专项经费。

(2)社会集资:通过举办重大比赛、参加重大比赛以及场区建设等向社会各界募集得到的赞助费。

(3)自行创收:通过合法的手段提供有偿服务获得收入。

2.现金及票务管理

(1)收入的收纳人对所收到的营业款负全部责任。

(2)开启收入保险柜的两把钥匙,一把由出纳员随身携带保存,另一把由财务部经理保存。

(3)经营专用的有价票据、发票、防伪标志等,由票据管理员专人负责管理。

(4)票据管理员必须准确记录票据的领取、发放和存余的数量并要保证有价票据后期制作符合标准(盖章清晰,防伪标志粘贴牢固)。

(5)监查人员要加强核查,定期对票据检查盘点。

(6)使用过的发票存根要及时回收,随时整理登记,定期打包存放。

(7)过期废票,经回收、登记、加盖作废章后,交监查组统一销毁。

(二)支出管理

1.高尔夫赛事费用的支出计划

一般来说,高尔夫赛事的费用支出是按照经营规模、经营体制等方面的不同来分别进行相关制定的。

大型高尔夫赛事应实现组织专门机构,或者委托其他财务组织拟定赛事支出计划,同时,根据实际情况,高尔夫赛事会授予赛事委员会财务管理人员对计划内费用支出的审批权限。

2.高尔夫赛事的费用支出标准

为便于掌握支出,在制定支出标准时,应根据不同类型高尔夫赛事的实际情况来确定。

三、高尔夫赛事的财务控制

财务控制是始终贯穿于整个高尔夫赛事的运作过程的。包括财务报告、财务比例分析以及收支核算等,在高尔夫赛事结束之后应该有财务结算以及评价。也就是说,财务控制在事前、事中以及事后都应该严格执行。

(一)成本核算

成本核算是指对运作过程中成本的预计、分类和分配。成本核算具体包括以下两种类型。

(1)固定成本:高尔夫赛事的固定费用,不论有多少人参加,赛事都必须要支出的不变花费。

(2)变动成本:与参加人数量有关的花费,如住宿、交通、餐饮等都会随人数的变化而不同。成本与高尔夫赛事规模有关,大型高尔夫赛事可能涉及的成本见表 7-2。[①]

表 7-2　高尔夫赛事承办支出清单表

高尔夫赛事计划、组织	高尔夫赛事实施	高尔夫赛事风险	高尔夫赛事营销与沟通
工资 会计/审计 银行汇率/利息 会议 邮费/快递 印刷/影印 计算机 电话/传真 其他……	裁判员/参与者 资格审查/注册/住宿 奖品/奖金/仪式 设施设备 场地 医护和药检 其他人员(引导员/安检员) 参赛人员服饰 废物处理 其他……	税收 保险 法律 其他……	互联网 新闻中心 复印 出版/手册/传单/节目 标志/广告牌 成绩公告系统 计时/计分系统 双向通信 其他……

(二)收入核算

一般来说,高尔夫赛事收入与赛事类型、规模密切相关,高尔夫赛事的类型直接决定高尔夫赛事的收入来源,同时,高尔夫赛事收入会制约高尔夫赛事过程的开展。

高尔夫赛事收入分为基本资金收入和营销收入两大类。通

① 顾跃,何兵雄.高尔夫赛事组织与运作[M].长沙:湖南人民出版社,2013.

过赛事预算，可以对高尔夫赛事的收入有一个大体的了解，根据预算的性质和作用，高尔夫赛事预算与财务管理的过程具体如下。

(1)明确高尔夫赛事的目标和环境。

(2)明确高尔夫赛事任务。

(3)建立高尔大赛事预算。

(4)对高尔夫赛事现金流动控制和对最后结果进行评价和反馈。

整个赛事的收入核算及财务管理过程各环节及其之间的关系如图 7-3 所示。

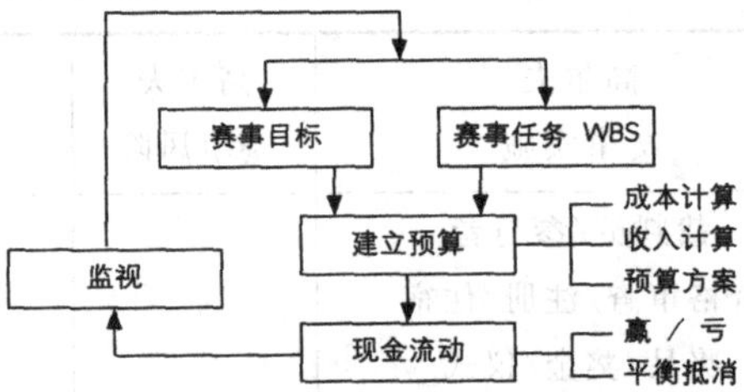

图 7-3　收入核算各环节及其之间的关系①

(三)财务报告

通过财务报告，可收集各个方面汇总的会计信息。为了给此后的高尔夫赛事提供参考，高尔夫赛事运作机构都非常重视在赛后制作该年度的财务报表来说明赛事的经营状况。此外，根据相关法律规定，高尔夫赛事运作机构必须公开一份财务内容广泛的详细年度报告，这也是赛事外的观众了解高尔夫赛事财务状况的重要途径。

结合高尔夫赛事举办情况，这里重点介绍以下两种财务报告。

---

① 顾跃，何兵雄．高尔夫赛事组织与运作[M]．长沙：湖南人民出版社，2013.

1.盈利与亏损报告

盈利与亏损报告能清楚地显示赛事运营过程中（一段时间内）的收入、支出以及纯利润，标题应该包括高尔夫赛事运作机构名称、报告类型以及报告所跨的时间范围，报告的内容具体包括特定时间内的现金交易与贷款交易。

此外，高尔夫赛事的盈利与亏损报告中的财务管理信息是经营决策活动非常重要的一项内容，它反映了高尔夫赛事的组织水平。

高尔夫赛事的盈利与亏损报告清楚地勾画出了高尔夫赛事运作机构在一年内的纯利润水平，被看作判断与推测销售、成本、费用及利润的经营状况凭证。

2.资产负债报告

资产负债报告显示了高尔夫赛事运作机构在某个特定日期的财务状况，如资产、债务、物主产权等内容。目标是争取到充足的年度资金以能够利用市场与对手竞争，有效地处理好资产负债状况，增加赛事收入。

资产负债报告能够有效防止现金消耗殆尽这一类问题的发生，能够很好地保证现金流入商业营运之中，而不被其他的高尔夫赛事运作机构随便利用，同时，还有助于赛事组织机构短期投资或者债务偿还能力的降低等情况的出现。

(四)财务比例分析

比例分析是一种比较方法，它采用一种易于理解的形式（通常为百分比）来比较各个方面的重要关系。

比例分析采用各种易于同其他活动相比较的方式来体现某个活动的实施情况。高尔夫赛事运作机构一定要制定出其财务比例分析报告，因为这样能够更加清晰地指出那些需要进行长期或者短期改进的地方。

高尔夫赛事常见的财务比例分类见表 7-3。

表 7-3　高尔夫赛事财务比率表现

财务比率	公式计算	比率解释
流动性比率	流动资产/流动债务	流动资产与流动债务之间的比例关系
速动比率	(流动资产－存货)/流动负债	只利用能够迅速兑现的流动资金而不利用存货
盈利率	—	说明销售利润或商业运作资金所产生的利润
边际利润率	净利润/净销售	销售所产生的利润百分比
资产周转率	净销售/总资产	资产用于销售的情况
资产回报率	纯净利润/总资产	利润占资产的百分比
资产权回报率	净利润/总产权	投资方获利的情况

第三节　高尔夫赛事人力资源管理

一、高尔夫赛事人力资源概述

(一)人力资源构成

当前,高尔夫赛事的举办,所需岗位及相关人员主要有以下几类。

1. 工作人员

(1)官员/裁判员。

(2)财务人员。

(3)志愿者。

(4)引导员。

2.相关人员

(1)安保人员/服务员。

(2)医护人员。

(3)赞助商推广/集资者/娱乐演员/清洁员。

(4)VIP贵宾接待员/摄影师/广播员/MC/评论员。

(5)媒体联络员维护/修理技/技术工。

(二)工作人员招聘

1.制定招聘计划

一般来说,在小型体育组织中,项目负责人、经理或中层经理往往会负责环境审核或工作分析,因此小型体育组织的招聘渠道的数目相对较少。与小型体育组织相比,大型体育组织的招聘渠道较为正式,范围也较大,其工作分析和环境审核也是较为正式和全面的。

在高尔夫赛事人力资源招聘中,所要招聘的职位特征、工作时间限制以及所能调动的招聘资源等因素共同决定了高尔夫赛事的招聘工作开展。

(1)通过不同岗位的人员分布情况,同时结合历史数据,对人力资源配置方案进行初步确立。

(2)对已掌握的信息进行分析、汇总,拟定人员需求清单。

(3)通过内部招聘或者外部招聘推动招聘计划工作开展。

2.发布招聘信息

在招聘信息发布的计划上,一般分为两个部分:一个是招聘时间计划的制定,另一个就是招聘信息发布渠道的选择计划。

高尔夫赛事工作人员招聘信息的发布有多个途径。

一般来说,寻找高尔夫赛事初级职员,通过拜访体育管理专业的毕业班方式(学院/大学校园)进行招聘,这种招聘方式和途径十分高效。

通过一些主流的媒体（电媒、纸媒、网络平台）刊登相应的招聘广告是一种招聘高级管理人才的好办法，但需要较高的费用。

现阶段高尔夫人力资源招募工作表明，在体育专业报刊刊登广告所需费用相对低廉，但由于其覆盖面较为狭窄，浏览量相对较小，效果并不理想。随着现代网络技术的快速发展，通过网站来对高尔夫赛事管理专业人才进行招聘的方式已被广泛使用，越来越多的高尔夫赛事组织和管理者开始较多地使用该种方式进行招聘。

3.组织面试

一般来说，面试包括三个阶段，具体分析如下。

（1）笔试：对应聘者的文化素质水平进行一个初步的了解，并通过筛选成绩合格者进入初试阶段。

（2）初试：以面试为主，主要通过面试官精心准备的问题，对应聘者的心理素质、社交能力进行考察，进入复试与最终录取的人员比例为（2～3）：1。

（3）复试：由人才需求的部门领导对应聘者与应聘岗位的适应度进行进一步的考核，且最终确定适合的人选。

4.选用员工

通过多轮面试之后，最终确定人选。但是，由于应聘阶段的几个过程只能看到其一方面的表现，可能与实际情况不符，这就需要对员工进行相关调查，然后再确定是否录用。

此外，对于高尔夫赛事较多的服务型岗位，在入职前还要对录用人员进行全面的身体检查。

5.入职培训

对确定录用的员工结合其岗位进行培训，以使其能更好地投入高尔夫赛事的组织、管理、服务中，促进高尔夫赛事各项工作的顺利开展。

(三)志愿者招募

1.志愿者招募要求

(1)对赛事所需的志愿者数量及相关专业要求进行宣布。

(2)提供申请、面试、培训等具体的活动程序,提供具体的时间序列以及认证、服装、交通等其他特殊事项。

(3)注明招募与甄选的志愿者标准。

(4)组织各种宣传活动,以吸引更多优秀的人参与赛事志愿者中。

2.选择招募方式

现阶段,就我国高尔夫赛事现状来看,高尔夫赛事志愿者招募主要有以下三种方式。

(1)通过政府来组织动员。

(2)通过社会来进行招募。

(3)直接面向社会招募。

在高尔夫赛事举办前,招募志愿者,无论采取以上哪种方式,赛事组委会都要与各类社区服务组织、社会团体、各级院校、职业介绍中心等团体机构进行密切联系和合作,以顺利完成招募工作。

3.志愿者培训

根据不同的标准来对培训的形式进行划分,可以将赛事志愿者的培训分为很多种形式。根据高尔夫赛事志愿者管理的特点,可将培训划分为3种,即离散阶段培训模式、整合阶段培训模式和聚集阶段培训模式,培训的具体方式有集中授课、网上教学、自学、讨论、场景模拟等。

二、高尔夫赛事人力资源管理内容

(一)员工劳务关系管理

1.劳动合同管理

劳动者与赛事组织和管理机构之间建立劳动关系需要签订劳务合同,这一合同必须是在协商一致、平等自愿并合法的基础上签订的。

就我国来说,我国《劳动法》明确规定,员工入职前必须签订劳动合同,在合同有效期可以通过协商对合同条款进行变更。需要对劳动合同进行变更时,申请方都必须提前30日提出申请。

2.工作纪律管理

高尔夫赛事举办期间,赛事组织和管理机构制定科学的纪律制度,不仅可以对员工的精神面貌有所改变,还可以提高员工的工作效率。

人力资源管理必须清楚地认识到,制度面前人人平等,不允许有特权的出现。在赛事组织和管理机构的人力资源管理中,必须对违反企业管理制度的员工进行惩罚。对于一些触及法律的违规行为(如贪污、受贿、故意误判等),应严惩不贷。

3.解决劳动争议

任何组织和管理机构在管理上都会出现一些劳动争议现象,严重的可出现对峙法庭的情况。因此,就高尔夫赛事组织和管理机构而言,在对劳动争议进行处理时,要本着化解矛盾的原则,积极地进行处理。

当然,对于任何组织和管理机构来说,解决劳动争议任何有效的措施,都比不上没有劳动争议的发生。在高尔夫赛事组织和管理机构的人力资源管理过程中，赛事组织和管理机构应该对劳动合同不断地完善，避免出现争议。

（二）员工薪资福利管理

高尔夫赛事经营时，除了使用与员工建立"契约关系"外，还需要做好各类工作人员的各项福利措施。良好的福利策略，可以体现出高尔夫赛事经营的人性化管理，提升员工的向心力和忠诚度。

高尔夫赛事人力管理中，对员工的各项福利管理具体参考表7-4。

表 7-4　员工福利类别

类别	目的	举例
经济福利	减轻员工负担，提高员工士气和工作效率	住房补贴、餐饮补贴、交通补贴、婚礼礼金、过节费等
特权福利	增加员工特权，增强荣誉感，提高员工主人翁意识	活动门票、场地免费使用次（卡）、赛事服务项目优惠折扣
娱乐福利	增进员工间交流，促进员工身心健康，增强团队感情和合作意识	举办运动会、员工生日晚会、圣诞晚会，组织郊游、看电影等活动
服务福利	关心员工健康与职业发展，体现对员工的关怀	身体检查和外派进修、疗养
设施福利	为员工提供有力的后勤保障	员工食堂、员工宿舍、茶水间、阅览室等

（三）人才储备

高尔夫赛事的举办是一个相对短期的行为，但是也不可避免地会出现赛事期间部分员工无法到岗或者离岗的情况，因此，高尔夫赛事组织管理人员还要对高尔夫赛事运作过程中重要岗位人员的流失情况进行考虑，为了避免因人员流失对高尔夫赛事本身造成不利影响，在对申请人进行招募的过程中，组织部门还要从中预留出一定比例的后备人员，以防止因人员流失而带来的损失。

高尔夫赛事的人力资源招聘、培训、遴选和使用是高尔夫赛事组织能否正常运行的重要环节，科学合理地使用相关专业人才，可以使每名工作人员的专长得到充分的发挥，确保高尔夫赛事的正常运作。

第四节　高尔夫赛事后勤管理

一、高尔夫赛事开始前的后勤管理

(一)考察与布置比赛场地

1. 考察比赛场地

(1)了解球场基本信息

了解比赛球场的基本信息，如球场地理位置、球场的交通状况。

(2)了解球场硬件设施

高尔夫赛事硬件设施具体包括以下内容。

①发球台的数量、发球台的设置。

②球道的长度、球道草、果岭草的状况、球道难度系数、球道障碍(坡度、水障碍、沙坑、草坑、树木、山丘、风等)、球车道状况。

③球车数量、练习场打位数量。

④会所状况(包括接待能力、接包顺序、签到处的设置、横幅背景板悬挂位置等)、餐厅状况、住宿状况(包括住宿标准、房间数量、配套设施、消防安全等)更衣室、休息室、就餐厅等。

(3)了解球场软件设施

高尔夫赛事软件设施具体包括以下内容。

①球童数量、球童素质；

②巡场员数量、巡场员素质；

③服务员数量、服务员素质（包括：会所、餐饮、更衣室、练习场、客房等的服务员），服务程序和层次（包括接包、安排球童、安排球车、巡场、监发、收卡、统计成绩、安排就餐、送包）；

④管理结构（确定球场的各部门负责人），电子版球场路线图、球道图。

（4）了解球场服务设施

高尔夫赛事服务设施包括硬件及服务设施的使用，具体包括设备设施的配合和人员的使用与配合（见表 7-5）。

表 7-5　高尔夫赛事球场设施设备与人员的配合使用

设备设施的配合	人员的使用与配合
球车的使用 背景板与广告牌的设置 球场障碍物的界定 果岭洞杯的放置 球场其他和竞赛相关设施的使用	迎宾员、签到员的使用 巡场员、球童的配合与使用 记分员的配合与使用

2. 布置赛事场地

比赛场地布置工作非常重要。赛事场地布置包括以下内容：

（1）球会环境布置

高尔夫赛事期间，会举办一些相关活动，如欢迎晚宴、颁奖晚宴、新闻发布会、各类会议等，对于这些球会的环境合理布置，是高尔夫赛事后勤的重要工作，具体来说，主要负责布置各项装饰品和摆设，查看是否已到位，摆放是否合理、协调，文字图案是否错漏，数量、强度是否合乎要求等。

此外，高尔夫赛事举办期间，还需要在一些空地或开阔区临时搭建帐篷或凉棚式的场地，满足球员或嘉宾临时休息、高尔夫用品展览或观众餐饮等服务。对于这些赛事的临时建筑物，场地的确认要非常慎重，不要随意更改。

(2)开球仪式布置

确定主持人是否到位，是否筹备好仪式程序，嘉宾名单、演讲人及讲稿、仪式用器具(开球球杆、球座、奖品、奖杯等)、礼仪小姐等是否已确定。

(3)赛事球场布置

①球场中各个区域，如界外、障碍区、发球台、长草区、树木等是否标志明确。

②球场各区域剪草高度是否符合要求。

③果岭速度是多少，旗位是否合理。

④沙坑是否平整。

⑤道路是否清洁。

⑥储沙缸里的补沙是否足够。

⑦各类标志(如发球台标志、界桩、距离桩、码数牌、补球球座等)是否齐全，是否安放适当。

⑧设有奖项的球洞(如最远距离奖、最近球洞奖)是否提示，标志是否到位等。

(4)赛事特别活动区域布置

包括以下几个竞赛特别活动及工作区域：签到处、计分榜、成绩统计系统、计分卡回收处、奖品存放处、竞赛高尔夫球车(巡场车、媒体用车)停放处、赛事咨询处、球员集中地点等。

(5)高尔夫设施、设备的管理

高尔夫赛事相关设施、设备的供应，是后勤保障中非常重要的部分，是高尔夫赛事举行的基础，应在赛前及时准备好。

对于高尔夫赛事的成功举办来说，球场布置非常关键，球场布置工作结束后，还要对整个工作复查一遍。每个球场都有自己的特点，每次赛事都有不同的要求，不会一模一样，一般来说，球场布置工作越充分越仔细，赛事的效果就越好。

(二)赛前试运转

球手报到后至竞赛开始前为高尔夫赛事的试运转阶段，该阶段，竞赛部门应组织开好“三会”，具体如下。

1. 裁判员会

强调裁判员在竞赛中的作用，对裁判员提出具体要求，详细介绍有关于高尔夫竞赛和裁判员生活的相关事宜。

2. 领队会(球员会)

传达组委会的有关决议、规定，明确竞赛规程中的有关规定，布置评选体育道德问题、竞赛规则问题，介绍竞赛日程以及重大活动的举办安排。

3. 教练员会

明确竞赛规程中的有关规定，强调球手资格审查和体育道德问题；解释编排原则，竞赛日程安排；阐明竞赛过程中有关裁判执行工作中的技术问题，说明向仲裁委员会提出申请的程序和办法等。

(三)准备赛事文件

高尔夫赛事筹备期间，为了明确分工合作，赛事后勤应准备好赛事的各类文件，具体如下。

(1)球手配对安排表。

(2)当地赛事规则。

(3)赛事相关人员安排。

(4)球场赛事标识、标示牌等。

(5)赛事记分牌、记分卡、计分方法。

(6)第一发球台赛事协调人及职责。

(7)赛事练习场协调人及职责。

(8)球车安排协调人及职责。

(9)赛事过程中特别活动安排、礼品提供。

(10)颁奖形式、嘉宾、媒体报道。

(11)赛事收尾工作要点。

二、高尔夫赛事期间的后勤工作

(一)嘉宾安排

对于高尔夫赛事期间的一些重要活动的举办,要做好嘉宾的到达、接待、送别工作。特别是在开球仪式、竞赛分组和颁奖典礼这些场合,应明确嘉宾的名称、排序和对应的活动(如讲话、开球、颁奖等)和人员,避免出现差错。

(二)出发安排

高尔夫赛事比赛开始阶段,在开球仪式结束后,如何在最短的时间内准确地把所有球手分流到各个发球台上,是后勤部门的重要工作,要求必须高效完成,应做好以下具体工作的安排。

(1)球车、球童、球包、球手一一对应,组别、洞号、球手姓名打印好张贴在球车前挡板上。

(2)球车按出发顺序排好,离会所远的洞的车组放在前面,反之放在后面。

(3)如发球仪式地点(如 1 号或 10 号发球台)离会所较远,可考虑将球车停放在举行仪式的发球台边。

(4)短洞(3 杆洞)速度慢、拉不开,一般只放一组球手;长洞(5 杆洞)反之,可放 2～3 组球手。

(5)距离较远的洞少放球手组,反之可多放。

(6)无球车或球车不够用时,可先将球童和球包输送到指定的发球台,等仪式完毕后集中专门输送球手。

(三)竞赛节奏

在高尔夫赛事举办期间,要合理把控比赛节奏,使整个比赛做到不疾不徐,张弛有道,具体来说,要充分考虑影响高尔夫赛事比赛节奏的以下组织管理工作。

(1)参赛人数。高尔夫赛事举办期间,要注意最早打完的球手与最后结束的球手间隔时间不能太长。

(2)更衣室、冲凉间同时可容纳的人数,做好人员分配使用。

(3)竞赛结束后的宴会、颁奖典礼的交通和时间安排。

(4)巡场员应做好巡场,以便科学控制竞赛节奏,具体来说,要督促慢打球手,及时处理争议,并随时将现场情况向组委会作汇报。

(四)成绩统计

关于高尔夫赛事成绩,可按以下规则处理。

一般的商业性质的高尔夫竞赛,为体现公平和同乐,多宣布总杆与净杆不同时获奖。成绩统计如下。

(1)如总杆、净杆成绩均排得上名次的,取名次高者。

(2)如名次相同,则取总杆排名。

(3)净杆成绩相同,取差点(即让分点)低者。

(4)如再相同,则参考总杆平分计分方式定排名。

(5)其他奖项,如最近旗杆奖、最远距离奖等,可同时获奖。

无论设置何种奖项,都应该在竞赛开始前,将奖项和评判规则通过公告或竞赛须知等方式事先告知球手,不可临时决定奖项和评奖方式,有作弊之嫌,会引起不必要的争议。

(五)观众管理

1.观众入场管理

在高尔夫赛事中,观众是陆续抵达的球场,由于高尔夫球场多在市郊,大批观众会选择自驾车前往,给球场交通带来很大压力。因此,高尔夫赛事期间,在球场周边应规划出充足的停车场地。在高尔夫竞赛的场区,应有专门人员引导观众的停车及入场,避免发生拥挤和交通堵塞。

此外，为避免交通问题的集中出现，高尔夫赛事组织方可以在市区主要站点安排球会大巴定时接送观众。

2. 赛场内观众管理

高尔夫比赛过程中，观众的一些行为可能会影响到比赛的正常进行，对此要加强赛场观众的管理。

一般来说，在高尔夫赛场内，当比赛紧张激烈或明星球员出场时，观众情绪激动，易引发人群的拥挤、骚动，产生安全隐患。而观众的喧哗、拍照等会影响球员比赛。另外，比赛过程可能发生意外，如球迷被高尔夫球击中受伤。因此，赛场球道周边要做好隔离，安排人员维持秩序，引导观众行进。

3. 观众离场管理

赛事结束后，大批观众同时离场同样会造成人员和交通拥挤，对此，赛事组织者和管理者应做好相应的缓解和应对措施。

(六)突发事件处理

高尔夫运动赛事中可能发生的突发事件对赛事会产生影响，有些可以预测，有些不可预测，对此，都要做好应对预案。如暴雨、球手伤病等，事前组委会应有预案(如工作程序、备用药箱和备用车辆等)，一旦有突发事件，可以做到迅速解决问题。

三、高尔夫赛事结束后的后勤工作

高尔夫赛事结束后，并不意味着赛事后勤工作的立刻结束，赛事后勤组织和部门还需要处理好赛事的一些后续工作，有时需要整个赛事组委会进行跟进和落实，这些工作的结束才意味着高尔夫赛事工作的真正结束。

一般来说，在高尔夫赛事结束后，还需要做好以下工作。

(一)新闻追踪

高尔夫赛事结束之后,要召开相应的新闻发布会,赛事后勤组织和部门应做好新闻发布会的会场布置和媒体接待,最重要的是要拟定新闻稿。

一般来说,赛事的新闻稿包括两种类型和内容,即文字稿和图片稿。为了使媒体记者能在短时间内对整个赛事的目的、意义和过程、状态、结果等有全面、较为细致的了解,赛事组织者应发布发布新闻通稿。通稿起草应注意以下问题。

(1)新闻通稿应根据高尔夫竞赛活动的主旨和组织情况事先拟好,空出新闻发布会当天的部分,如天气、参赛人员、赛况、赛果等,及时填补最新信息,并在媒体离场前发出,不至于贻误最佳报道时机。

(2)新闻稿可以适当详细一些,以利于媒体全面掌握情况。

(3)出稿应有针对性,注意电视新闻稿和平面媒体新闻稿,期刊类新闻稿和日报类新闻稿的区别。

(4)新闻稿应符合媒体报道立场,不过于渲染,不过于商业化,少带感情色彩,适合媒体刊载使用。

照片稿的来源一般为三种,即球场工作人员、借助摄影记者、特聘竞赛官方摄影师拍照等。三种方式各有利弊,球场工作人员拍摄成本低,但难以保证照片质量;摄影记者拍摄质量好,但发稿需要挑选,时间长;特聘摄影师的照片质量和数量都有保证,出稿及时,但会增加赛事成本。赛事组织和管理者可结合赛事具体情况来选择赛事新闻照片的拍摄方式。

(二)剩余物资处理

高尔夫赛事结束后,都会留下许多剩余物资,要分类完善处理,既可节约成本,又可丰富储备。因此,做好赛事剩余物资的处理工作也是非常重要的。

具体来说,高尔夫赛事结束后的物质处理工作及注意事项如下。

(1)各类设施设备等的转移、处理,应按照高尔夫赛事物资管理相关规定逐步进行。

(2)可在日常经常使用的食品、礼品、宣传品等,可将其归入有关部门,收集、整理后再做销售或使用。

(3)可留做下次活动使用的,如某些统一的形象宣传品、礼仪用品、背景板架等,可在整理后入仓存放,便于下次活动需用。

(4)不可以或无法再使用的,如某些一次性的装饰品、宣传品等,可在财务监管下进行拆卸。

(5)实在不能回收利用的,应集中作为废品处理或者销毁。

(三)资料归档

除竞赛活动的新闻档案外,还有一些其他的文字和图片、宣传品、竞赛组织方面的文件等资料,也需要收集整理,归档保存,以便查阅,为球场留下可记录的历史。

(四)赛事评估

高尔夫赛事评估是对高尔夫赛事的运作与管理的过程的总结与评价,是高尔夫赛事管理内容的一部分,是提高高尔夫赛事管理效率的重要和有效措施。

现阶段,评估高尔夫赛事,多从整体入手,采用的是比较模糊的评价,目前,我国高尔夫赛事的评估有多种形式和内容,常见评估内容主要包括以下几个方面。

1. 高尔夫赛事竞技水平的评估

竞技水平是高尔夫赛事评估的核心,高尔夫赛事的竞技水平直接反应体育竞赛的水平,因此,对于高尔夫赛事的竞技水平评估非常重要,一般的,主要是对运动员的竞技成绩进行评估,通过纵向比较和横向比较进行分析。

纵向比较:与历史上同类赛事的竞技水平进行比较,分析是否有大的提高或降低。在对高尔夫赛事竞技水平进行比较、分析、评估的过程中，对历史同类项目成绩是否打破是一个非常重要的衡量竞技水平的指标。

横向比较：与当前国内外同类优秀运动员的竞技水平进行比较，分析是否有提高或降低。

除了对赛事项目的纵向和横向比较，还要对高尔夫赛事的整体竞技水平进行综合性的评估。

2.高尔夫赛事经济效益的评估

高尔夫赛事的经济效益，具体是指通过经济核算的方法（总赛事收益减去总赛事成本）对高尔夫赛事的运作与管理机构所获得的具体经济收益，如现金、物品折算等进行评估。目的在于判断高尔夫赛事的整体运营是否获得了良好的直接或间接经济效益。

现阶段，随着竞技体育的职业化和商业化发展日益加深，体育与经济二者之间的关系日益密切，现代竞技体育蕴含诸多经济因素，高尔夫赛事举办也不例外。高尔夫赛事的举办是一个庞大的系统工程，它会涉及多方面的经济合作，能够产生明显的经济效益，对于举办城市（地区）经济的发展具有重要的推动作用。

但是，应该认识到，高尔夫赛事的举办对经济的发展和促进作用比较有限。原因如下。

一方面，高尔夫赛事属于单项赛事，而且与其他热门体育运动项目竞赛，如与NBA、足球世界杯相比，经济影响力是相对较小的。

另一方面，高尔夫赛事的奥运会举办需要大量的资金投入，如果不按照经济规律办事，盲目建设和资金投入对赛事组织管理和运营者来说，要承担很大的经济风险。

对高尔夫赛事的经济效益的分析方法有很多种，目前，我国在此方面的评估多停留在定性分析上，缺乏系统的定量指标。从国内外现有的文献资料来看，当前，对高尔夫赛事的经济影响进行评估主要有以下5种方法。

(1)投入—产出分析

投入—产出分析法，又称投入产出经济学，是从宏观上研究高尔夫赛事举办对赛事举办地区的直接和间接经济影响。高尔夫赛事经济影响评估的投入—产出分析法主要有以下优缺点。

优点：能将经济影响全部量化，有助于提供一个相对准确且可比较的结果。

缺点：需要采集大量的数据，对原始采集数据的准确率要求较高。分析数据相较难获得，尤其是针对小范围区域内的数据获取，更加困难。

(2)成本—收益分析

成本—收益分析，是从长期、发展的角度，对具体评估对象的一种评估。成本—收益分析重点研究高尔夫赛事的宏观经济影响问题，该方法的目的是确定量化影响因素，建立高尔夫赛事的成本与收益的总框架。高尔夫赛事经济影响评估的成本—收益分析的优缺点具体如下。

优点：应用领域广、操作起来比较方便。

缺点：评估标准只包括定量分析因素，不包括非定量分析因素，评估结果可能不准确；不能保证数据的可比性，实用性受到限制；不能确定所有相关成本和收益。

(3)金融数学方法

金融数学方法多用于对高尔夫赛事现金流的估算，研究的是高尔夫赛事投资、决策、可行性等相关的一些微观问题。高尔夫赛事经济影响评估的金融数学分析的优缺点具体如下。

优点：便于纵向比较，能够用来比较不同时期内不同项目的现金流。

缺点：只能对纯粹的现金流、直接的可定量的因素进行评估，不涉及非定量因素的评估。

(4)社会福利影响分析

社会福利影响分析多用于政府相关评估，是对公共体育设施和区域经济之间的一种综合分析，目前被引入多个领域，现在也应用于高尔夫赛事的经济影响分析。高尔夫赛事经济影响评估的社会福利影响分析的优缺点具体如下。

优点：评估全面，操作简单、适应性强，可以在不同时期的高尔夫赛事评估中运用。

缺点：缺乏理论基础，对潜在假设条件和分类方法比较依赖，资料难收集。

(5)网络图分析法

赫尔布林的网络分析方法是一种重要的评估方法，用于估算高尔夫赛事活动的长期影响。高尔夫赛事经济影响评估的网络图分析法的优缺点具体如下。

优点：注重实效，容易实施，很好阐述，不会涉及影响的强度与可测算的相互关系。

缺点：表现形式复杂，只适用于特殊地区赛事评估。

3.高尔夫赛事政治效益的评估

体育与政治之间具有密切的联系，一般情况下，大型高尔夫赛事的举办会受到举办地政府的重点关注，无论是赛事主办单位，或是赛事的运作与管理机构，还是赛事举办地政府，都十分关注赛事所产生的政治效益。现阶段，对高尔夫赛事的政治效益评估涉及面广，评估的主要内容包括三个方面：个人收益评估、社区收益评估、成本感知评价。

(1)分析赛事对举办地居民的影响。

(2)分析赛事对举办地组织和社会的影响。

(3)评价高尔夫赛事对举办地的人口、健康、安全、教育、文化娱乐、风俗习惯和社区凝聚力等方面的影响。

4.高尔夫赛事总体社会效益的评估

高尔夫赛事的评估要充分考虑各赛事主体的利益，因此，并不是所有的高尔夫赛事评估都要包罗万象。在实际的运作过程中，应根据评估的目标和利益主体的评估需求来确定赛事评估内容。评估之前，应有必要事先了解对高尔夫赛事的评估需求，然后再进行有针对性的赛事评估。

当前，对高尔夫赛事社会影响的评估通常是以定性评估为主。

就主办单位来说，关注的重点是高尔夫赛事自身的发展问题，因此，更关注以下信息：项目发展目标是否达到；竞技水准相较以往是否有进一步的提高；参赛队伍的数量和水平有何变化等。

就赞助商来说，比较关注高尔夫赛事的经济收益，希望通过赛事评估了解和掌握以下信息：现场观众数量、媒体报道情况、电视转播覆盖范围、转播收视率等，不太关注高尔夫赛事的宏观经济效益（如就业机会创造）、政治影响。

5. 高尔夫赛事环境影响的评估

高尔夫赛事的环境影响评估，具体是对赛事项目对举办地自然环境方面影响的全面科学的、定量与定性相结合的论证与判断。现阶段，高尔夫赛事的环境影响问题还没有成为赛事评估的一个重点。因此，这里不再赘述。

（五）赛事总结

赛事总结是高尔夫赛事的最后工作内容。在高尔夫赛事结束后，赛事相关部门必须在赛事结束后的短时间内对活动的结果、效果和组织工作有一个较全面的了解和评估。总结分两种。

(1)外部的赛事总结：通过总结竞赛活动举办所达到的效果，更深入地了解市场，了解周边环境，及时调整赛事运作策略，调整管理路向。

(2)内部的赛事总结：要求各部门就竞赛活动分别进行总结，针对各部门及人员在活动中的表现以及问题作综合性的评价。

第五节　高尔夫赛事风险管理

一、高尔夫赛事风险管理基础

(一)高尔夫赛事风险管理概念

1. 风险管理

风险管理这一概念最早由德国人在第一次世界大战结束后提出,是针对国家的风险管理,包括风险的控制、分散、补偿、转嫁、预防、回避与抵消等。美国国防部认为,风险管理是指应付风险的行动或实际做法,根据美国项目管理学会的报告,风险管理有以下三个定义。

(1)风险管理是系统识别和评估风险因素的形式化过程。

(2)风险管理是识别和控制能够引起不希望变化的潜在领域和事件的形式、系统的方法。

(3)风险管理是在项目期间识别、分析风险因素,采取必要对策的决策科学与艺术的结合。

2. 高尔夫赛事风险管理

高尔夫赛事风险管理研究是对风险管理、项目管理和高尔夫赛事管理三者的综合研究。具体是指,针对在高尔夫赛事组织运营管理中出现的风险进行管理,高尔夫赛事风险管理要结合高尔夫赛事风险的特点并与高尔夫赛事管理过程相适应,按风险管理的一般原则进行管理。

(二)高尔夫赛事风险管理目的

1. 有效预防赛事风险

与其他类别的风险一样,对高尔夫赛事风险进行预防与控制是成本最低、最为便捷的一种方法。在高尔夫赛事风险管理实践中,高尔夫赛事运作管理机构应该根据高尔夫赛事的具体特征准确识别出整个运作过程中潜在的各种风险,有针对性地采取有效的应对措施,避免和降低风险。

2. 积极应对赛事风险

高尔夫赛事风险的管理应该建立起完善的高尔夫赛事风险管理体系,确定风险管理相关的各种制度、流程、策略与计划,从而保证出现风险时能够自如应对。

3. 科学控制赛事风险

高尔夫赛事风险一旦产生后,应对风险进行及时有效的控制,通过风险应对计划以及相关的措施一定程度上限制风险负面影响的升级或者蔓延。

4. 谋求发展和承担社会责任

高尔夫赛事风险管理的最高境界就是在开展工作的过程中总结相关的经验教训,从而在突然发生赛事风险时能够积极应对,将风险当作发展机会来对待,在消除风险之后能够在一定程度上提升工作的能力。

从社会意义角度来说,高尔夫赛事运作管理机构还应该承担一定的社会责任,赛事运作管理机构高效的风险管理能够在一定程度上推动这个社会的安定与进步,科学的赛事风险应对和处理,能最大限度地减轻和消除赛事风险事件对社会造成的负担和危害,并为社会上类似事件的处理提供参考。

(三)高尔夫赛事风险类别

1. 自然风险

高尔夫赛事的自然风险，是指由于自然力(地震、暴雨、流行疾病等)的作用，造成财产损毁或人员伤亡的风险。它是不以人的意志为转移的且人力难以抗御的风险。

高尔夫是户外运动，比赛受天气影响比较大，时常由于下雨等原因导致高尔夫赛事被迫中断。2010 年全国业余高尔夫球希望赛上海站比赛因冰雨和冰雹天气中断；2012 年美国大师赛三杆洞挑战赛同样因恶劣天气而受到影响；同年 7 月的美国南方精英赛第一轮再次因雨中断比赛。

2. 人为风险

高尔夫赛事的人为风险，是指由于人的活动而带来的风险，具体分类见表 7-6 所示。

表 7-6　高尔夫赛事人为风险细分

风险类别	风险细分	风险举例
行为风险	现场观众风险	观众被球手的球打伤 观众不文明行为及暴力事件 观众拥挤
	球员缺席风险	球员因伤病或其他不可预期原因而无法出席比赛
	管理人员工作失误风险	球场、赛事组织运营方因工作失误给高尔夫赛事或赛事发展造成损失
	食品安全风险	高尔夫赛事期间与餐饮食品等相关的风险因素

续表

风险类别	风险细分	风险举例
经济风险	赛事赞助风险	由于经营管理不善、市场预测失误、价格波动、供求关系发生变化、通货膨胀、汇率变动等导致高尔夫赛事相关利益群体经济损失的风险
	赛事门票销售风险	
	赛事转播风险	
政治风险	政策风险	因种族、宗教、利益集团和国家之间的冲突，或因政策、制度的变革与权力的交替造成高尔夫赛事利益相关方损失、人员伤亡
	法律风险	
组织风险	赛事各方参与赛事的动机和目标不一致	由于高尔夫赛事组织各有关方关系不协调以及其他不确定性而引起的风险
	赛事不同部门对赛事的理解、行动不一致	

二、高尔夫赛事风险控制

(一)做好风险防范

做好防范是休闲体育场地设施管理者进行风险管理的首要任务和重要基础。风险防范不可能做到面面俱到，可以重点防范那些会导致重大损失的风险和经常发生的风险。如可能使用含有安全隐患设备举办大型活动。

(二)提高安全意识

1. 提高工作人员的安全意识

高尔夫赛事应将预防为主的安全管理原则作为安全管理工作的指导，定期对高尔夫赛事的全体工作人员进行安全管理培训，提高团队安全防范意识。

2.提高运动参与者的安全意识

保护人们的生命及财产安全是高尔夫赛事安全管理的最主要目的，赛事举办期间，应该加强安全知识的讲解和安全事项的说明，提高人们的自我安全意识。

此外，高尔夫赛事在经营工作中应与公安部门和消防部门保持紧密的联系，积极接受其部门的监督、检查和指导。

(三)完善安全管理

建立完善的安全管理体系，明确以下内容。

(1)对设备的正确使用提供具体的指导。

(2)密切关注运动者的安全状态，经常提醒安全事项，及时纠正不安全行为。

(3)重视员工的安全保护，在平时应对员工的安全操作技术进行集中培训，要求持证上岗。

(4)完善安全设施，设置合理的安全通道，并保证其随时畅通无阻；设置相应的安全栅栏；防火设备要有专人管理；保证报警设施的安装密度；配备应急救护设施设备。

(四)加强人员疏导

现代高尔夫赛事人流量相对较大，特别是在举行大型活动时，人流量更是成倍增长，观众分流过程中，为了避免相互干扰，保持各自流线的人流畅通，针对不同人员、通道进行合理分配，做好人员疏散工作。

(五)明确风险对策

根据可以防范的风险、意外发生的风险制定相应的风险对策，以便于使休闲体育场地设施的使用控制在安全范围之内。系统的风险对策制定是通过风险矩阵(见表7-7)来完成的。通过风险的转移、承担、减少来消化风险。

表 7-7　风险对策矩阵

	频率高	频率中等	频率低
损失大	避免风险	转移风险	转移风险
损失中等	转移风险	转移/承担或减少风险	转移/承担或减少风险
损失小	承担或减少风险	承担或减少风险	承担或减少风险

第八章　高尔夫训练体系与科学管理

高尔夫训练管理是高尔夫组织管理系统中的一大内容，运动员运动水平的提升在很大程度上有赖于日常的训练活动，因此加强高尔夫运动员的训练管理是尤为重要的。本章就重点对高尔夫运动员体能、心理、智能、技能等整个训练系统的内容进行深入细致地研究与分析，以帮助高尔夫运动员提高训练水平。

第一节　高尔夫训练的科学原理

一、新陈代谢原理

新陈代谢是人体生命活动的基本规律。它是蛋白体的基本运动形式，也是有机体最基本的生命过程。没有新陈代谢，人体的一切活动，包括生长、发育、生殖、遗传、变异、适应、进化等就都不会得以进行。另外，新陈代谢的过程，其实就是有机体与外界交换物质的过程。

生物体与外界环境之间的物质与能量交换以及生物体内物质和能量的转变过程，就是所谓的新陈代谢，是生物的基本特征之一。其包括两个方面，即物质代谢和能量代谢。在新陈代谢过程中，同时存在着同化作用和异化作用，其中，机体从外界摄取营养物质并转变为自身物质，为同化作用，这说明体质是增强的；机体自身的部分物质被氧化分解并排除代谢废物，为异化作用，这说明体质是削弱的。在运动健身过程中，要想很好地达到增强体质的目的，就必须保证同化作用占优势。由此可以看出，在运动健身过程中，要想使体质的增强得到有力的保证，首先要以有机体同化作用和异化作用相互诱导原理为主要依据，确定适宜的运动训练方法。

在高尔夫训练中，保证同化作用优势具有非常重要的意义。要做到这一点，需要具备四方面的条件。首先，要具备良好的身心状态，这也是新陈代谢正常运转的重要条件和保证。其次，保证营养供给要充足。尽管大量进食对保证同化作用的优势没有决定性的作用，但是，如果处于饥饿状态，则会对同化作用的优势产生影响，因此，为了使同化作用的优势得到保证，必须使异化作用所消耗的物质得到充足的补偿，适当补充所需营养。再次，要对体力消耗有一定的控制，避免过度疲劳，从而进一步使同化优势得到保持。最后，要使必要的休息得到有效保证，这能够使得同化优势得到保证，因为只有在休息中才能使得运动员获得良好的体能。

二、运动负荷价值阈规律

加载于机体上的各种外部物理“功”的总称，就是所谓的运动负荷。运动负荷在运动训练中始终存在，具体来说，其主要包含两个方面，一方面是反映负荷对机体刺激的量的大小的运动量，一方面是反映负荷对机体刺激的深度的运动强度。在高尔夫训练过程中，一定要注意选择合理的运动时间、运动负荷、运动量，否则就难以取得理想的训练效果。

在一定运动强度下维持的时间长短和一定时间内的次数，就是所谓的运动量，也就是平时所说的运动的总量，是由运动强度、持续时间和频率的乘积得来的。在高尔夫运动训练计划中，运动量是最重要的内容，是保证训练有效性和安全性的关键因素。

人体单位时间所完成的运动量，就是所谓的运动强度，它的构成因素主要包括运动密度、每组运动数和每组运动之间的休息时间等。这些影响因素是相互联系、相互制约的，并且这些因素的任何变化都会对运动强度和运动量产生影响。一般来说，可以将运动强度可分为两种，即绝对运动强度和相对运动强度。其中，前者是指机体所承受的物理负荷量，后者是以个人最大摄氧百分数或最大心率百分值等生理指标为主要依据来反映某一负荷量对身体的刺激程度。

所谓运动负荷的价值阈是指人体的健身活动应承受适宜的对人体有着良好训练效果的负荷强度，且应按照一定的心率区间去确定运动负荷的计量标准。①

据研究，当心率达到120～140次/分钟，这时候心脏的脉搏输出量就会达到最高值，身体各器官系统能够得到的血液供应非常充足，新陈代谢状态达到最好，从而促进体能的发展。而如果心率在120次/分钟以下，那么这时候心脏功能的发挥就不会很充分，从而使训练效果降低。而如果心率达到140次/分钟以上，这时候机体要提高心脏血液输出量，就主要靠增加脉搏频率，需要注意的是，机体运动只能维持较短时间。由此可见，只有把最佳负荷价值阈定在脉搏量极限心率140次/分钟以下，才能够防止产生运动过度的现象，从而才能够使人的体质的增强得到有力保证。

另外，在运用价值阈规律过程中，还要注意根据运动员的身心特点和具体实际，来有针对性地确定合理的运动负荷，从而保证训练活动的顺利进行。

三、超量恢复原理

超量恢复是由苏联学者雅姆波斯卡娅提出来的一种关于运动时和运动后休息期间能量物质消耗和恢复过程的超量恢复学

① 刘胜，张先松，贾鹏．健身原理与方法[M]．武汉：中国地质大学出版社，2010．

说，通常也被称为超量代偿。具体来说，所谓的超量恢复原理，就是指人体在运动中所消耗的能量物质，在运动后不仅可以恢复到原有水平，而且可以超过原有水平，且机能水平的恢复也可以超过原有水平。① 以超量恢复原理为主要依据，可以将运动员的训练过程分为三个阶段，即运动时各器官系统工作能力下降阶段，运动后工作能力复原阶段和工作能力超量恢复阶段。只有经历这三个阶段，才能够真正促进运动员训练水平的提高。

消耗的程度在很大程度上决定着超量恢复的程度和时间。通常来说，在一定范围内，肌肉活动量越大，消耗过程越剧烈，超量恢复越明显。但是，需要注意的是，要保证活动量在一定的生理范围之内，否则就会影响超量恢复。

能量物质不同，运动员在运动训练过程中的消耗速率和恢复时间也是有一定的差异性的。除此之外，不同专项运动对能量物质的消耗也有不同的要求，休息间歇、掌握负荷强度和量度的选择就是以此为主要依据和指标的。目前，通常以不同能量物质恢复的速率为主要依据来对不同专项练习的间歇休息时间进行安排；而在安排训练课后休息期至下次训练时则应该以超量恢复为主要指标。

综上所述，运动员在参加运动训练的过程中，一定要承担一定的运动负荷，使消耗和疲劳产生，这样才能够实现超量恢复，也才能够达到理想的训练效果。

第二节　高尔夫运动员体能、心理与智能训练

一、高尔夫运动员的体能训练

任何运动项目都注重力量、耐力、柔韧及灵敏的身体素质训

① 刘胜，张先松，贾鹏．健身原理与方法[M]．武汉：中国地质大学出版社，2010.

练，高尔夫球运动也不例外，高尔夫球运动的特点要求球员具备良好的卓越的核心力量、耐力、良好的身体协调能力和柔韧性等身体素质，这些就是球员身体素质训练的内容。

身体素质的训练是高尔夫球运动的基础，它与运动成绩关系密切，从某种程度上说也可以决定运动成绩的好坏，良好的身体素质训练能够为球员在比赛中合理地运用技、战术，创造优异成绩提供更为直接的帮助。

(一)力量训练

1. 一般力量训练

肌肉的收缩形式主要有四种，即离心的退让性收缩、向心的克制性收缩、等动收缩与等长收缩。前三种主要是以动力性工作为主的肌肉收缩，而等长收缩则属于静力性工作。根据肌肉收缩形式的不同，主要将一般力量训练分为静力性力量训练、动力性力量训练、超等长训练和等动训练四种方法。

(1)静力性力量训练

静力性力量训练又称为等长训练，是指肌肉收缩时产生的力量，可以完成某些静止不动的用力动作，或在整个动作中肢体不会产生明显的位移和运动的一种训练方法。例如高尔夫球中的站立击球姿势，需要重心的稳定，其中所表现出来的力量就属于静力性力量。

(2)动力性力量训练

动力性力量训练又称为等张训练，是指肌肉收缩时或拉长时，使身体或身体的某一部分产生位移或推动别的物体产生运动的力量。

肌肉的这种工作属于向心收缩工作形式，肌肉长度缩短，在工作的过程中，随着关节的变化，肌肉在缩短过程中张力也发生变化。动力性力量的训练主要分为大负荷、少次数，主要用于发展一般力量和爆发力；小负荷、多次数，主要用于发展力量耐力两种类型。

(3)超等长训练

使肌肉产生牵张反射的力量，称为超等长训练方法。超等长训练对于发展爆发力具有良好的效果，其中高尔夫球中的冲击球训练是最为典型的训练方法。

(4)等动训练

等动训练是在整个关节活动的范围内，肌肉群始终以最大张力收缩，而速度保持恒定的训练方法。等动训练需要专门的器材进行训练，如等动练习器等。

2.专项力量训练

(1)最大力量训练

高尔夫球运动的最大力量训练主要有两种方法，一是通过增大肌肉生理横断面，增加肌肉收缩力量；二是改善肌肉内协调能力，提高神经系统指挥肌肉工作的能力，以促使更多的运动单位参加工作。在此训练过程中，应先增加肌肉生理横断面的力量训练，然后进行肌肉内协调能力的训练。

①增加肌肉生理横断面的最大力量训练

这种训练方法主要根据自身最大极限负重量的60%～85%的强度，4秒左右完成一次动作，共做5～8组，每组4～8次；每组的间隔时间控制在基本消除上一组肌肉训练所产生的疲劳的基础上。

②改善肌肉内协调能力的最大力量训练

这种训练方法主要根据自身最大极限负重量的85%以上强度，2秒左右完成一次动作，共做5～8组，每组1～3次；每组间隔时间控制在3分钟左右或更长(在上一组练习肌肉所产生的疲劳得到恢复)。

③静力性训练和等动训练

静力性训练多采用最大限度、短促的训练方法，其特点是以大的、亚极限和极限重量进行工作，通常情况下，持续时间为5～6

秒，整体训练时间不超过 15 分钟。等动性训练基本保持相同的运动速度，肌肉在训练过程中能发挥出较大力量，训练强度大，每组训练 4～8 次，做 5～8 组，间歇时间要充分。

(2)速度力量训练

高尔夫球运动的力量训练，速度力量具有速度和力量两方面的综合特征，只有提高了最大力量与速度，才能取得速度力量训练的最佳效果。球员速度力量的训练方法主要包括负重训练和不负重训练两种。

①负重训练法。要采用适宜的强度进行负重训练法，多采用本人最大力量的 40％～80％的强度，以避免单纯地训练力量和速度；每组训练 5～10 次，做 3～6 组(组数的确定以不降低速度为限)；要有充分的间歇时间，一般为 2～3 分钟。

②不负重训练法。不负重训练法主要采用跳台阶和跳深训练，这种方法主要针对发展下肢速度力量、克服自身体重进行训练，同时在发展上肢和躯干速度力量的同时，符合专项技术要求的快速训练。

(3)力量耐力训练

力量耐力是力量和耐力的综合素质，其发展主要依靠肌肉力量的发展，以提高呼吸系统机能、血液循环的改善和有氧代谢能力。若发展克服较小阻力的力量耐力，则最小负荷不能小于本人最大负荷强度的 35％；与其相反地，可采用本人最大力量 75％～80％的负荷强度。训练的组数通常以保证每组达到极限重复次数来确定。

(二)耐力训练

1. 无氧耐力训练

(1)非乳酸供能训练法

主要采用大强度，训练负荷强度在 90％～95％，训练时心率可达 180 次/分钟以上，以保证机体动用 CP 能源物质。练习持续时间是5～30秒,重复次数2～4次,训练组数3～5组。如30米快跑,每组3次,跑4组,每次间隔1～2分钟,组间休息7分钟左右。

(2)乳酸供能训练法

训练强度一般达到本人可以承受的最大强度的80%～90%,心率可达到180～190次/分,负荷持续时间应长于35秒,一般可控制在1～2分钟,训练2～4次,训练3组左右,组间休息15分钟左右。如200米跑,3次一组,训练2组,每次跑间歇时间保持一致,也可逐次缩短。

2.有氧耐力训练

高尔夫球运动中,最长时间的运动形式就是走。打一场18洞的高尔夫球需要几个小时,其中大部分时间是在草地上行走。走也是一种有氧耐力的训练方法。

一个充满健康和活力的人可以健步如飞,而一个体弱多病的人却步履蹒跚。可见,通过行走的姿势和速度,就可以判断一个人的健康状况。球员在打球时,除了保持相应的形体,还应注意行走的姿势。不正确、不适当的走姿,容易给人留下不好的印象。而正确的高尔夫球步行姿势,不仅体现一个人的气质和体育素养,还能促进和改善人体各器官的功能。

高尔夫球场地主要的组成部分就是草地、湖泊、沙地和树木等,场地开阔,标准高尔夫球场的长度在5500～7500码之间;球员在打球时,大部分时间都是在走动,打一场球下来,需要3～4小时,步行大约6千米。由此可见,走是高尔夫球运动中重要的运动形式之一,同时也是一种很好的有氧耐力训练方式。

通过在球场上行走,有利于心肺功能的增强,减少体内多余的脂肪,对发展肌肉耐力有很好的效果,还可以改善神经系统调节功能,预防心血管疾病等。因此,针对走的训练,既可以锻炼身体,增强体质,也可以改变不正确的走路习惯,塑造健康优美的形体,同时还可以进行有效的有氧训练。

高尔夫球运动，走的训练方式多种多样，以下结合高尔夫球的特点，简单介绍几种常规的训练方法及注意事项。

(1)平地走

平地走是最基本、最简单的训练方法。在平地走时，躯干正直，自然挺胸，头部与躯干保持一致，两眼目视前方，两臂靠近体侧自然前后摆动；迈步时，膝关节和脚尖都正对前方，两脚内缘基本上是沿着一条直线向前走；行进时，以脚跟先着地并过渡到全脚掌；脚着地后，脚尖向前略向外偏。

平地走的频率可分为三种，即慢速、中速和快速。慢速为60～80步/分钟；中速为80～100步/分钟；快速为100步/分钟以上。慢速和中速走，要求强度较小，可进行时间较长；快速走，强度大，不能持久地进行。

在走的过程中，可以根据自身的实际情况，选择适合自己的速度匀速走，也可以选择变速走。变速走时，机体承受的负荷及消耗的能量远超过匀速走。变速走有利于提高心血管系统功能，尤其是快走阶段，呼吸频率和深度明显增加，有助于增加肺活量。同时，动作幅度与速率的变化，会对神经肌肉系统功能和柔韧性产生良好影响。变速走可采取“慢长一快短”“慢快相等”和“慢短一快长”三种方式。例如第一周用慢走60步、快走40步的比例，重复20分钟；第二周慢与快各50步，循环20分钟；第三周改为慢40步、快60步，坚持20分钟。不论如何组合，都要先慢后快。[①]

运动方式也要因人而异。对于体质较差者应先坚持匀速走，再尝试变速走者，最好能够记录每周的心率，检验这种训练方式和负荷是否适合自身。此外，也可以将不同方式走的距离进行对比，结合自身感觉，调整训练计划。

(2)草地走

草地走，主要针对下场打球。除了挥杆击球之外，球员不能忽略在草上走的技巧。如果行走方式不正确，会导致体力消耗过

① 王昆仑.高尔夫球运动教程[M].北京：人民体育出版社，2012.

多。球员的草上走,大部分是在球道草坪上进行的。其基本动作与平地走基本相同,但由于高尔夫球场草的高度一般为3～4厘米,因此球员在草地上行走时,要略高抬腿,脚与地面的距离一般保持为10厘米左右为宜。此外,由于球道草坪松软,并且不是十分平整,因此在草地行走时步幅不宜过大,要放慢走速,脚落地要稳,防止扭伤。

(3)坡地走

山地高尔夫球场一般设在丘陵地带的缓坡上,坡度大,地势复杂。即使是平原地带的球场,为了加大难度,地势也会高低不平。打球时经常需要走上坡或下坡,这与生活当中的走路是一样的。无论是下场打球,还是平时训练,在上坡走时,身体要稍向前倾,大腿略微高抬,步长要适当缩短,积极摆动双臂;而下坡走时,身体要稍向后倾,适当加大步幅,放慢步频,以感觉轻松平稳为宜。进行坡地走,应采用全脚掌或脚跟先着地的方法,才能有效地控制好节奏,并且防止膝关节损伤。

(4)沙地走

沙漠球场是人们不多见的场地,高尔夫球场的沙地主要分布在沙坑,它是任何球场中缺一不可的区域。其面积虽然相对较小,但却分布各地,是球员必须经过的地方。根据球场环境与地形需要,沙坑有大小、深浅、长短、软硬之分。人们生活当中在沙地上行走的机会往往多于高尔夫球场。尽管如此,在沙坑内行走的训练也是必需的。

沙地走的方法与平地走基本相同,但由于沙地比较平软,发力困难,所以行走的速度不宜过快,宜缩短步幅。

在沙地上行走阻力较大,消耗的能量较多,甚至比平地上的慢跑还要消耗能量,对腿部有很好的锻炼效果,对平衡能力也有积极的锻炼作用。另外,松软的沙地可以缓冲脚着地时产生的抗力,同时也有利于腰部和膝关节的缓冲,因此,对于腰、膝有伤的人来说,沙地走训练是很好的选择。如果下场打球,尤其是打深沙坑球位,在进、出沙坑时,一定要稳定重心,避免踝关节扭伤。

(三)柔韧训练

高尔夫球运动进行的柔韧性训练,其主要目的是提高髋关节的肌肉、肌腱、韧带等软组织的伸展性,提高运动技术的动作灵活性和动作幅度,预防和减少运动损伤的发生。柔韧性训练最常用方法主要有三种,即主动训练法、被动训练法和混合训练法。

1.主动训练法

主动训练法是指人体依靠自身的力量,让肌肉的各个放松部位获得伸展和牵拉。

(1)通过肢体的各种摆动和振动,如进行各种踢腿、绕环、推墙等,提高肌肉的伸展性。

(2)协调发展小肌群轻力量,使放松的对抗肌和参加完成动作的肌群协调配合,并且充分利用惯性,使其柔韧限度达到最大。如手腕力量练习,放松手背肌肉,并使手背肌群牵拉,爆发性惯性越大,肌群拉伸越大。

2.被动训练法

柔韧的被动训练法是指依靠外力的作用,促使关节灵活性增大的训练方法。

(1)在他人的辅助下,保持某种固定的动作。例如,一人平躺在地上挺直,抬举双腿放在另一人肩上,用臂或肩向前下方推压,进行直角压腿训练。

(2)各种负重和不负重的悬垂练习。例如,利用器械的重力悬垂,把重物放在直角压腿的膝关节下,让大腿后群肌肉被动拉长;利用身体的重力做单杠、双杠、肋木上正反肩关节的悬垂练习;轻负荷的提拉,下放时能够拉长脊柱后群肌。

3.混合训练法

混合训练法是指在外力作用和自主肌肉收缩的共同影响下,

两者同时加大拉伸效果。如直角悬垂压腿，既利用上体的重力下压，又通过腹肌的收缩加力，让腹后肌群拉长；负重仰卧起坐的前压腿练习，对脊柱后群肌肉、腹后肌群和韧带都有良好的牵拉作用。

二、高尔夫运动员的心理训练

（一）一般心理训练方法

1.表象训练

表象训练是指有意识地、积极地利用自己头脑中已经形成的运动表象，进行回顾、重复、修正、发展与创造自己的动作。表象训练的主要目的是使原有的暂时神经联系恢复，引起相应的肌肉活动，产生正确的动力定型效应，从而加快动作熟练和加强对难度动作的回忆。在进行表象训练时，球员的注意力要高度集中，表象训练的时间每次最多不要超过5分钟。①

2.意识训练

意识训练是一种形成运动技能的综合心理训练方法。其训练方法主要有以下几种。

（1）对训练效果进行检查。

（2）建立正确的动作概念，并运用直观教学手法训练。

（3）控制肌肉，通过想象有顺序地支配肌肉逐部位逐级放松。

（4）视觉表象，在脑海里表象出自己正在做的动作，同时用语言形象描绘动作过程与方法。

（5）集中注意力，在视觉中清晰地表象出一个动作，并且有一定的时间停顿。

---

① 刘建敏.大学体育与健康[M].北京：现代教育出版社，2012.

(6)表象与运动器官的联结,视觉表象中每一个动作都有意识地与自己机体中完成此动作的肌肉、关节的感觉相联系,直到感觉与动作相一致。

3. 意志训练

训练过程中有目的地使球员克服各种困难,调节球员的心理状态,使其完成预定目的的活动,称为意志训练。对于意志品质的培养,主要是针对克服运动实践中的困难进行的。球员在进行意志训练时,通常采用强制法、鼓励法和刺激法等几种方法。

4. 感知觉训练

球员所从事专项运动的某些心理特殊感受知觉,称为专门化感知觉。球员的专门化感知觉主要包含时空感和球感两种。

(1)时空感

时空感,是指球员在场上对时间和空间的判断能力。高尔夫球运动的时空感较强,比赛中只有在空间上争取较少的杆数才能取得比赛的胜利。高尔夫球运动对时空感训练中的视动反应、预测反应、选择反应等有更高的要求,要视野范围广阔,有良好的深度知觉和方位感,对球的移动、方向、速度和距离等都要有准确的判断与把握。

(2)球感

球感,是指球员在长期训练过程中发展起来的对高尔夫球的一种专门化知觉。它是一种复合知觉,其反映球员其他方面的多种素质,是经过刻苦训练和反复实践才能获得的。要想获得良好的球感,必须坚持长期的反复练习,做到熟能生巧,有效地控制好球。

5. 注意力训练

内向的集中注意训练方法,是指球员选择自身内部的某种生理因素为注意对象,进行专门性的集中注意力练习;集中注意形象训练方法，是指球员结合日常基本技术动作训练在脑中回忆动作形象，使注意力始终集中在动作形象上；注意自身动作训练方法，是指球员选择自身的肌肉动作来训练自己的注意力；注意模仿接近专项技术动作训练方法，是指球员使自己的注意力稳定在单个或连续动作上。①

（二）比赛心理训练方法

1. 赛前心理调节

（1）自我认知训练

在自我认知训练中，球员应主动地自我引导，如暗示自己有足够的实力参赛；寻找何种方法战胜对手；自己的技战术水平和体能状况足以使自己超水平发挥；任何情况都不会干扰正常发挥等思想。

（2）模拟训练

根据比赛环境条件及对对手特点的了解和分析后做出的适应这些情况的安排，称为模拟训练。这种训练方法的主要目的是为了提高球员的临场适应性，在头脑中建立起正确的动作表象，能够正常发挥应有的技战术水平。其中具体做法有以下几种。

①模拟赛场气氛。高尔夫比赛过程中，观众的噪声容易影响球员的注意力和情绪，导致注意力不集中和情绪过于紧张。因此，在进行高尔夫球的心理训练时多邀请观众到场观看，造成一个热烈的氛围。也可使用放录音的形式，音量从小到大地调节到接近竞赛时的实际程度，以提高适应赛场噪声的能力。

②模拟对手。根据收集对手的各方面情况，制定相应的技战术和应对措施，或挑选一些与对手特点相似的球员，使他们与即将成为对手的球员进行训练比赛，使其做到知己知彼、心中有数，以增强赢取比赛的信心。

③改变赛场局势。在高水平的高尔夫球比赛中，场上的情况

---

① 马宏霞.大学体育与健康[M].北京：航空工业出版社，2009.

瞬息万变，比较复杂，经常会出现意想不到的情况，这就需要球员具备适应变化情景的能力。而在高尔夫球比赛中有意识地采用改变比赛局势的方式，如在训练过程中，落后的一方突然领先，或者将对手放于即将接近目标的位置上等。通过变换方法，可锻炼球员临阵不慌和稳定的心理素质。

(3)心理适应训练

心理适应训练是一种促进参赛主体与其竞赛环境之间保持心理协调的心理训练方法。其主要方法包括适应场地设备的训练；适应生活的训练；适应比赛气氛的训练；适应观众的训练；适应裁判的训练等方法。

(4)心理调节训练

心理调节训练是一种有意识调节球员赛前不良心理状态的训练方法，主要有以下几个方法。

①赛前谈话。通过合理的交谈帮助球员明确比赛任务和意义，激发参赛动机，鼓舞情绪，增强比赛自信心。

②心理自我调节。心理自我调节的方法，如根据自身情况，采用最舒适的放松姿势，放松肌肉，调节植物性神经系统机能，以缓解赛前动机过强、过度兴奋、神经高度紧张等不良心理状态。

③信息回避。球员尽量回避外界干扰性的信息，阻断干扰源，以使自身情绪达到平衡。

④生物反馈训练。这是一种借助电生理遥测，反映球员内部活动信息并反馈给其个人，然后根据初期测定结果，按照塑造成型原则进行反应期训练以及脱离生物反馈仪的训练，从而学会控制自身情绪，消除赛前过度紧张、焦虑等心理训练的方法。

⑤催眠放松训练。在比赛的前日或当天由心理学专家将球员引导至催眠状态，使球员从赛前情绪紧张不安和恐惧感中解脱出来。

2.赛中心理调节

(1)自我暗示法

如果球员在比赛时出现不稳定情绪，可采用自我暗示的方法，如“我必须沉着、镇静”“我感觉很好”“这个动作我能完成好”等暗示自己，稳定情绪，排除周围环境对自己心理上的干扰。

(2)呼吸调整法

球员在比赛过程中产生过度紧张时，往往感到胸闷气短，呼吸急促。此时可采用吸气时肌肉紧张和呼气时肌肉放松相结合的呼吸，肌肉的收缩与放松交替进行的呼吸调整法，以消除紧张、激动的心理状态。

(3)集中注意力法

当球员在比赛时遇到诸如对手、观众、裁判或同伴等劣性刺激时，应立即找到排除干扰的方法，集中注意力，运用深呼吸和使肌肉紧张起来的方法，将注意力完全集中于将要进行的比赛中。

(4)自我宣泄法

如果比赛时，情绪过度紧张，可通过擦脸、握拳、跺脚等动作及喊声等，并伴之以一定的自我暗示，宣泄出自身的紧张情绪，达到情绪稳定的目的。

3.赛后心理调节

(1)放松训练

放松训练是通过语言暗示(他人或自我的)，引起球员的肌肉放松，进而调节植物性神经系统的机能，使肌肉和精神都得到放松。随后再运用带有一定愿望的套语进行自我动员，使其重新振作精神，进入最佳的竞技状态。①

放松训练的方法主要包括，闭目静坐，全身肌肉逐步放松；用鼻子呼吸，呼气和吸气时均默念“一”；连续20分钟后，慢慢睁开双眼。每天1～2次，饭后2小时后进行。该方法能够快速促使球员心理能量的恢复。

(2)冥想训练

在绝对安静的环境中，球员仰卧平躺，闭目，将注意力从比赛

---

① 王昆仑.高尔夫球运动教程[M].北京：人民体育出版社，2012.

环境中脱离出来，并进入一个相对轻松的想象环境之中。该训练方法要求每日早晚各 1 次，每次 15～20 分钟。冥想训练法对加速神经系统活动的恢复，提高球员的反应力、知觉力，强化抗外界干扰能力以及稳定情绪具有重要作用。

(3)大脑皮层兴奋度弱化训练

大脑皮层兴奋度弱化训练，如赛后组织轻松、愉悦的活动，消除因激烈竞赛在大脑皮层中的强痕迹作用，缓解紧张情绪，降低兴奋水平，使球员逐渐恢复到正常的心理状态。

(4)激情疏通训练

这种训练方法主要采用谈话、书写等形式给球员提供合理宣泄自己内心过度愤慨、气愤、恼怒等不良情绪，解除其心中的抑郁和积闷。

三、高尔夫运动员的智能训练

(一)智能训练的内容与方法

高尔夫球运动员的智能包括多个方面，这里主要针对高尔夫球运动员的观察力，记忆力，思维、想象力等的具体训练与提高方法进行归纳和总结，具体的训练方法见表 8-1。

表 8-1 主要运动智能构成要素训练方法

智能要素	训练方法
观察力	比赛、训练时经常布置观察任务、传授观察方法、培养观察习惯
记忆力	经常布置记忆任务，复述、回忆记忆材料，掌握记忆方法，及时把感觉记忆转化为短时、长时记忆
思维、想象力	进行专项训练，对比赛进行预测，对赛场信息进行整理、加工，对运动技术进行评述等

(二)高尔夫球运动员智能提高的途径

高尔夫球运动员的智能训练主要包括两种,即通过高尔夫球知识传授发展智能和通过运动实践训练发展智能。

1.通过基础知识传授发展智能

(1)在日常训练过程中,重视对运动员理论知识的传授,重视进行对运动员讲解运动的基本概念和基本原理,使其能够明白训练的相关规律,这不仅有利于运动员思维能力的发展,也有利于促进高尔夫球运动员的知识技能的正向迁移。

(2)采用多种教学方法,如在多媒体教学中,利用现代技术引导运动员学会运用分析、比较、综合、概括、判断、推理等思维形式来认识和解决问题,发展其思维能力。

(3)教练员应重视理论教学与实践练习的有效结合,具体来说,要重视启发和引导运动员把学习理论知识与运动训练实践结合起来,培养运动员运用知识指导实际操作的能力。

2.通过专项理论知识传授发展智能

(1)针对具有一定训练基础的高尔夫球运动员,应在运用生物力学知识对专项运动技术进行分析的过程中,注意培养运动员的观察力和思维能力。

(2)在器材性能、比赛规则、裁判方法的学习过程中,充分调动运动员的参与性,提高其思维能力、观察能力,并强调高尔夫球运动员在训练和比赛中对这些知识的合理、灵活运用。

(3)重视对高尔夫球运动员关于训练计划、辅助措施、自我监控等知识的教授与掌握,以提高运动员自我保健和医务监督能力,同时使运动员学会统筹安排。

3.通过运动训练实践操作发展智能

正如前面所提到的,运动训练与运动员智能发展之间具有非常密切的关系，通过运动训练实践操作来发展高尔夫球运动员的智能水平是非常重要的一个手段与方法。

(1)在训练过程中，教练员要善于引导运动员认识运动训练的本质和规律，启发运动员对运动素质、技术、战术中的某一问题进行思考，想办法回答并解决这些问题，提高高尔夫球运动员的观察能力、思考和解决问题的能力。

(2)鼓励高尔夫球运动员积极参与到运动训练的制定与修改过程中，讨论思考训练计划是否完善、训练内容是否恰当、训练方法是否合理等问题，提高运动员的思维能力。

(3)训练期间，通过模拟比赛实战训练，强化高尔夫球运动员对理论知识的掌握，实现不同知识之间的迁移，使其能够掌握相关的技术和战术，并能在训练和比赛实践中灵活运用，最终提高高尔夫球运动员的实际操作能力、适应力等。

第三节 高尔夫运动员技能训练

一、技术训练

(一)技术训练的方法

从高尔夫运动的技术角度出发，一般可分为基本技术、挥杆技术、击球技术，同时，在这些技术当中也分为若干个环节，如握杆、站位、瞄球、站姿、推击、切击、劈击等。在基本技术训练过程中，主要把握以下几点。

第一，把握好技术训练的全面、准确、实用和熟练性。对于基本技术、挥杆技术、击球技术以及各个动作环节要做到掌握全面。技术全面既包括重点技术训练，也包括自身技术特点训练。把握好技术的实用性，主要是指在技术训练的过程中，一切要从实际出发，符合比赛的要求，反对华而不实。技术训练的准确性主要是指技术训练要符合动作要领、方法。熟练是指技术动作要流畅、稳定,达到自动化状态。

第二,技术训练要始终贯彻到高尔夫球运动当中去。在训练难度较高的动作时,要打好基本技术。高尔夫球基本技术中,包括握杆、站位、瞄球、站姿,这是高尔夫球技术的基本功。只有基本技术扎实,才能更快、更好地提高高尔夫球技术。

第三,把握好技术训练的时间安排。合理的时间安排主要分为两种:一种是集中连续式的安排,另一种是分散间隔式的安排。集中连续式的时间安排主要适用于初学者对基本技术的掌握,这有利于基本技术的巩固;分散间隔式的时间安排主要适用于改进技术训练方面。

第四,技术训练过程中,要把握好球员的自身特点。球员在训练时不仅要掌握好统一技术,还应根据自身的特点,因人而异地提出不同的动作要求。比如:上挥杆转体时有的球员习惯左脚跟抬起,虽然并不符合技术要求,但对于年龄偏大、身体柔韧性较差的球员来说,也许是非常适用的。

1. 挥杆训练

高尔夫球中,最重要的技术就是挥杆动作。挥杆训练过程中需要全身各关节协同工作,特别是下肢、躯干、肩部和上肢等部位的肌肉来完成整个动作。因此,加强挥杆训练,对于全身的力量的锻炼及球员的柔韧性和协调性都有所帮助和提高。

挥杆动作应当符合人体解剖学、运动力学的规律。正确的挥杆是一种围绕人体纵轴旋转的运动,这条纵轴通过身体中心,两臂、两手挥动球杆,肩部、腰部和下肢做充分回旋。挥摆训练受环境影响不大,既可以在球场上进行,也可在场下徒手或借助于适宜的日常用品进行。

(1)空挥杆

高尔夫球整个挥杆过程中的上杆与收杆动作存在对应关系。在徒手做上杆训练时,左臂在上,双手手背相贴,挥至顶点时,右肘弯曲，右掌心向上，呈托盘状；做收杆训练时，左臂自然弯曲，并向下翻转，同时右臂随之翻转，左臂大约成45°，左掌心向上，左手呈托盘状。10～15次一组，做3～4组。

(2)跪地挥杆

双膝跪地，两臂前伸，掌心相对。肩膀尽可能右转，直到左肩位于下颌的正下方。在转动过程中，双手和双臂一定要保持在胸部前方，左膀向后转时，身体左侧的肌肉要有绷紧的感觉。肩膀朝另一方向转动时，左肩处于下颌下方。10～15次一组，做3～4组。

(3)扫帚挥杆

双手握住一把较重的长木把扫帚，视作球杆进行挥摆训练。这种训练方法主要是针对挥杆节奏和随挥动作的训练。15～20次一组，做3～4组。

(4)浴巾挥杆

使用浴巾作为辅助训练，将其一端打成一个结，双手握住另一端，把浴巾当作球杆做挥摆动作。把浴巾当作球杆进行训练，会更加简便，动作会更加舒展。10～20次一组，做3～4组。

(5)夹球挥杆

将一个高尔夫球放于右腋下夹住，针对充分上挥的技术动作进行训练。在训练过程中，如上挥动作不符合动作要求，腋下的球会掉下来。10～20次一组，做3～4组。

(6)半挥训练

将球杆握好，上挥至摆杆位置，下挥至随挥位置，并且杆头向上。10～15次一组，做3～4组。

在做任何形式的挥摆训练时，首先要考虑训练方法是否有利于学习和掌握高尔夫球挥杆技术，提高运动技术水平。其次在挥摆训练中对于转腰摆胯，增强腰肌和腹肌力量，减少脂肪堆积，降低血脂方面也要考虑其中，这样更有利于提高机体能力，改善身体形态，提高健康水平。

2.击打训练

高尔夫球击打动作需要全身各关节都参与工作，这种动作主要通过腰部发力带动上肢将球击出，有利于躯干及上肢各部位肌肉得到提高。一些年龄稍大的人腰不好，伏案久了容易弯腰驼背，高尔夫球的训练可以矫正脊柱姿势，缓解腰背疼痛。训练者可针对自身特点选择不同的击打方式，提高自身机能水平。此外，良好的击球对身心健康也有一定的影响，能够使训练者心情愉悦，达到真正意义上的健康。

(1)打准训练

这种训练主要在球洞、模拟球洞、平整的草地、沙地等区域进行，在距离击球点 10～20 米范围内设球洞、标志物或环形靶，利用推杆进行击打，使球进洞或尽可能靠近标志物或靶心，其准确性用球与洞、标志物或靶心之间的距离来判定。10～15 次为一组，做 5～8 组。

(2)打远训练

在高尔夫球场或练习场内，使用木杆、劈起杆或沙坑杆，全力击球，观察球的第一落点或最终落点。测量球与击球者之间的距离。8～12 次为一组，做 3～5 组。

从训练的角度出发，一些击打训练可以脱离球场，如使用高尔夫球推杆练习器、高尔夫球挥杆练习器等，也可在沙地、广场等室外较开阔场所悬挂高尔夫球靶布进行打准训练。推击训练也可以在室内进行。出于安全考虑，打远练习最好在相对开阔或无人的地带进行。

(二)基本技术训练

1.握杆技术

高尔夫球运动的握杆技术主要是指球员双手握住球杆的位置及方法，这也是高尔夫球运动最先掌握的、最基本的技术动作。球员正确的握杆方法主要有三点好处。第一，有利于手臂的发力；第二，有利于控制击球力量；第三，有利于控制球飞行的方向。以上三点能够把球打到预想的位置。错误的握杆法则会影响击球的效果和准确性。

(1)重叠握杆法

重叠握杆法是被普遍采用的一种握杆方法。用左手握住球杆,手背正对目标,使球杆末端紧贴在左手掌中的小鱼际部。球杆与掌面呈对角线状,斜交于手掌。在这个过程中,拇指沿球杆握柄纵长自然伸出,左手持杆向右翻转至左手拇指与食指之间形成"V"字,其尖端指向颈部右侧与右肩之间。

右手掌自然伸开,掌心正朝向目标方向,以握手姿势自下而上握住球杆,使握杆的纵长从食指第二关节开始通过中指与无名指指根,小指勾搭在左手的食指与中指间隙上,手指收拢,握住球杆,食指微弯曲,大鱼际包在左手拇指上,拇指与食指指根形成"V"形,其尖端指向颈部右侧。

(2)连锁式握法

一般来说,连锁式握杆方法与重叠式方法基本相同,一般适用于手掌较小、较厚或者挥杆的杆头速度非常快的球员。左手手型同重叠式。握杆时,右手的小指插入左手食指与中指之间,锁住食指,与左手食指勾锁在一起。

连锁式握杆的主要特点易产生一体感,且有利于发挥右手力量,但掌握不好会使左手食指翘起,反而破坏双手的整体感。

(3)十指式握法

十指式握法又称为棒球式或自然式,双手手掌相向,但不重叠,十指紧握球杆即可。其特点是球员能够很好地握住球杆,并且有利于右手手臂力量的发挥,但不易保证双手的一体性,易导致过于使用手腕,故不利于保证球的方向性。这种握法通常适用于年龄小或年龄大的高尔夫球运动爱好者。

(4)倒逆连锁式握法

倒逆连锁式握法其实就是使用拨推杆时的专用握杆方法,先用右手五指握杆,然后再把左手食指重叠在上面。

(5)V字形握法

运用V字形握杆法时,运动者拉回弯曲的左手拇指,并用拇指腹压在握把的正上方，拇指根则稍向内面弯曲。因此，食指与拇指呈 V 字形且偏向右方。左右手掌相对而握，角度相同。这样，保持了双手的同等角度，挥杆时就能轻松自如。

(6)手指握法

将右手的中指、食指与拇指形成一个直角，用指关节来握住球杆，切忌用手掌握住球杆。如果单用右手掌握住球杆，用力挥杆时，球杆会在手中移动，那么挥杆的轨迹与目标线就会脱离，从而导致击球失误。因此，以指握杆，以腕挥杆，才能控制好球杆，球杆在手中也不会移动。所以，首先要用心记要领；其次要细心体会双手对杆头重量的感觉；最后要注意杆头的方向。

2. 挥杆技术

(1)起杆

起杆的主要动作就是将杆头向球的后方摆动，直到进入屈腕动作才停止。起杆动作的完成是上挥杆动作的开始。这一过程中要将左臂与球杆合二为一，不要屈腕屈肘，使两臂与肩保持三角形动作，左肩、左手与球杆构成一个整体，以左肩顺势依次带动臂、手、球杆，保证杆头在球的飞行方向正后方 30 厘米左右。其中要注意保持杆面必须始终正对球的飞行方向。

(2)上杆

从挥杆动作的整体来看，起杆和上挥之间没有任何停顿，起杆是上挥杆的起始，上杆是起杆的延续，也可以说起杆就是上挥杆的一部分。

上挥时，继续保持肩与两臂构成的三角形，以杆头带动两臂及左肩向右转动，在两手到达右腰部高度时，左臂如同向右上方伸出一样继续上举。左腋伸直，右上臂基本保持固定，左腋夹住。头颈部几乎对着目标相反方向，肘部随左臂的上举徐徐弯曲，右肘屈到最大限度。

在上体和髋的转动作用下，重心从两脚间移到右脚外侧，左腿向内旋扭，左膝内扣，大腿内侧肌肉被拉紧。右腿在扭转力的作用下，仍然保持内扣，维持两膝间的距离，以阻抗右腿也被迫向右扭转的趋势，球杆的杆身基本与地面平行。上挥球杆达到最高点时，背部朝向目标，上身较髋部侧转更大。

在挥杆过程中，左臂要一直要保持击球准备时的状态，肘部不要弯曲，手腕要伸直。如果肘部弯曲，就会使挥杆的幅度变小，而且这样很可能导致左肩转动不足，使击球的冲击力减小；手腕若不伸直，会影响挥杆的轨迹，从而导致各种挥球的失误。通常情况，初学者在屈肘屈腕上容易出现错误，需要特别注意。

(3)挥杆顶点

由于挥杆的速度很快，上挥杆和下挥杆两个动作之间不存在明显的停顿，只是在一瞬间完成了动作的转换，这一瞬间转换动作称为挥杆顶点。

在完成上挥杆的同时，左手的手腕保持正直，向拇指方向屈曲，拇指的跟部形成皱折，拇指的指腹顶住球杆握柄，中指、无名指、小指紧握球杆，左手手背朝向前上方，手背背面与前臂面在统一平面上，手腕无向掌侧或背侧的屈曲。左肘内侧稍朝上，右肘微向内扭，左右两腋均轻轻夹住。左肩内转 90°，位于下颏处，指向球的右侧。腰部向右扭转，右膝保持稍向内扣，左膝向右膝靠近，左踵略提起，体重要由右足内侧支撑，完成挥杆顶点。①

(4)下挥杆

下挥杆主要是指球杆上挥到顶点，稍作制动，即开始向下挥杆动作。上挥杆的启动顺序为杆头、臂、肩、腰、膝，而下挥杆时则恰好相反，即下半身首先开始启动，带动腰、肩、臂、杆进入下挥运动。

以在上挥杆时提起的左足跟着地动作为开始，固定左膝，左腿用力支撑，将下肢力量逐渐转移给上肢。腰部也同时扭转到准备时的状态。左肩也在下肢及腰部的工作作用下，自然向左转动，以左臂作为杠杆向下拉引球杆，在挥杆顶点时被迫向拇指侧

① 刘建敏.大学体育与健康[M].北京:现代教育出版社,2012.

弯曲的左手腕角度更加缩小，杆头仍然被留在上面，但身体运动的力量被迫聚集在一起，等待击球时的爆发，身体重量逐渐向左侧移动，两手拉引球杆至腰部的高度，腰部如同墙壁顶住身体工作的重量，保持身体的稳定。

下挥杆时，要总保持身体左半身领先，首先，从左下肢开始，并牢固支撑住，然后右半身顺势自然转动，一定不要在开始下挥杆时就过于主动地使用右臂。

要注意的是，身体重量要逐渐全部移动到左脚内侧，有利于左侧的固定支撑，防止力量损失。

(5)击球

击球的动作是下挥杆的组成部分，是指运用杆头的重量及其运行速度，下挥杆使球向前运行的技术。在两肩转动到与球的飞行线基本平行的瞬间，左手拉引球杆至腰部的高度，此时下挥杆时积蓄的力量集中于手腕向拇指的屈曲上，在积蓄力量的作用下，两臂继续向击球准备时的状态做还原运动，杆头也以极快的速度开始下落。两臂位置刚好到达击球准备时的姿势时，球杆的杆头以最快的速度、最大的冲击力到达挥杆轨迹的最低点——球的位置，使杆头面触击的瞬间产生极大的冲击力将球击出。

击球过程中，注意头部应保持固定不动，眼睛注视球，在下一瞬间随着两肩的转动向左后方向转换，而右手背侧由击球时朝向目标反向转为朝向右前上方，身体重量集中于左腿。在冲击球时要注意以下几个方面。

①球位、脚位和挥杆的弧线要选择适当。

②球员的力量素质很重要，要注意提高。其中主要针对手指、腕、手臂、肩、腰的转动和下肢的蹬、转等力量的提高。重点侧重于爆发力，是提高冲击球力量的根本保证。

③在做击球准备前，要适当放松身体。尤其要放松主动肌，并拉长至最适当长度。右臂和右肩膀在击球后顺势摆动，这样才能把全身力量转化为击球力量。

④增加挥杆的工作距离。工作距离较长，球杆具有的能量就

大，传递给球的能量也越大。

⑤要注意协调配合击球动作。挥杆击球时要做到全身动作的协调配合，不紧张。击球时，如果仅靠手臂、手腕将球杆快速挥动有一定困难，因此必须靠腰的转动，腿的蹬地，前臂、上臂、手腕和手指的多种力量，最后融合到挥杆动作上。

(6)随挥动作

击球动作结束后，体重完全由左腿支撑，左腿内侧紧张，固定左膝使之不向左游移。右踵提起，右膝向左膝靠拢，在右腿的推动下，腰部继续向左转动。身体仍绕轴心转动，右臂逐渐取代左臂占据主导地位，在杆头的带动下，右臂伸直，牵引右肩向下巴下方运动。左手握紧球杆，左腋夹住，左上臂前面向上方转动，保持两臂与肩形成的三角形，左手手背朝向左后方，杆头向目标方向大幅度挥出。两手到达腰部位置，头部保持击球时，即瞄球时的状态，两眼仍然注视击球前球的位置。[①]

随挥动作其实质就是击球的延续，要特别注意球后的动作也非常重要。事实上，从球员击球后的随挥动作可以判断出击球效果的好坏。可以说，正确的冲击球动作需要正确的上挥杆、下挥杆再加上正确的随挥动作来保证。不管上挥杆、下挥杆乃至击球动作如何正确，如果随挥动作出现偏差，就会影响整个击球效果。

进入随挥动作后，首先要注意继续保持挥杆过程中身体转动轴的固定，重心落于左脚内侧，以达到固定左膝的目的。若体重集中到左脚外侧，就必然导致左膝移动，造成身体不平衡，致使结束动作不能正确完成。此外，进入随挥动作以后，右臂伸直，在向目标方向低而长地送出的杆头牵引作用下带动右肩向左转动。此时要注意，在这个过程中，头部始终保持不动，两眼要注视击球前球的位置。

(7)收杆动作

两手到达腰部高度后，右臂继续带动右肩向下颌下方转动，

① 马宏霞.大学体育与健康[M].北京：航空工业出版社，2009.

杆头向左后上方运动，右臂保持伸直，左手背朝向前上方，左腋夹住，左上臂基本面向上方。左臂在肘部随着右臂的向上运动而向上弯曲，腰和肩向左转动，身体重量全部由左腿承担，左膝保持固定，左足支撑体重部位由足内侧向足跟部外侧转移，在右臂到达右肩平直高度时，头部才随着转动轴转向目标方向，两眼注视飞行中的球。此时杆头已运动到结束动作的最高点，并继续向左方运动，右臂在杆头的牵引下向左前上方摆动，同时带动右肩向前，身体完全转向面对目标方向。左臂弯曲，基本形成三个直角，即上臂与前臂在肘部成直角，上臂与肩在肩部成直角；上臂与躯干在腋部成直角。右臂稍自然弯曲，将球杆斜背在身体后面，头正对目标方向，两眼注视球飞行下落。①

结束动作要正确、流畅而有节奏地做出来。动作结束时，身体重心应完全落于左腿上，如果结束动作完成后体重仍留在右足就容易出现高腾球或旋向右方的球。当完成结束动作后，身体应正对目标方向，如果腰部未完全正对前方而处于偏向右方的状态时，说明身体没有充分地回转，易出现旋向左方的球。左臂在弯曲过程中要保持一定的紧张度，腋部不要张开，不要使结束动作后的两手位置超过左肩而过于向外。

3. 击球技术训练

(1)切低球

采用短铁杆或中铁杆击球，站位靠近球。球位在双脚中间偏右脚处，手肘内缩贴近身体两侧。采用反叠式握杆法。左手的食指伸直斜搭在右手的小指、无名指和中指上，或搭在右手的小指与无名指之间。手腕伸直略向上凸出。杆身直立，杆头趾部触地，跟部稍微上提，球的位置偏于杆头趾部。双眼在球的正上方注视球。双手握杆位置略在球之前，身体重心偏左脚。要做好击球准备动作，使杆头与球准确地接触。挥杆时以肩膀的摆动来带

① [英]提姆·贝克.高尔夫进阶手册[M].谭颖文，译.沈阳：辽宁科学技术出版社，2007.

动双手和球杆。上挥不能太高、时间太长。在整个击球过程中，保持双手与手腕的固定，上杆时手腕可弯曲，但仍要顺目标线后举并前送。击球瞬间，杆头不能超过双手。切短低球时手部动作稍多一些。保持头部固定，下杆时手腕保持固定角度，不要向前弯曲。击球时保持手腕伸直，以杆头趾部击球。击球的中下部。球打出后，杆头顺着地面向前滑动一段距离后，再将杆头举起。

(2)切高球

选择短铁杆或劈起杆，采用开脚位站立，对着目标 10°～20°角，上体前倾，背部不可太挺直，两膝自然弯曲。使用短铁杆时，球位一般在两脚间偏右的位置。瞄准时，手的位置在球的前方。将球杆的握把斜着放在左手食指靠掌的第一节和小指最下方靠近手腕的厚肉垫上，用中指、无名指和小指握球杆。左手大拇指轻放在球杆中间稍靠右的位置。右手指握杆，大拇指位于球杆中央靠左，虎口包住左手的大拇指，右手的小指横跨在左手食指和中指中间的间隙上。挥杆击球要求上杆时身体重心在右脚，下杆时移至左脚。主要靠肩、臂的转动来击球，手与手腕的动作减少到最低限度。身体要站稳，挥杆的幅度不要过大。下杆击球动作要轻松，右臂和右手有“甩”的动作，要打“实”球、“穿”球。

(3)推拨球

握杆：采用“倒逆连锁”式握杆法，首先用右手的五个手指握杆，再把左手的食指包握住右手的小指。右手用力为主，左手置于杆柄背面以指引方向。

脚位：采用正脚位和开脚位。所谓正脚位，是指两脚与球的滚动路线的距离相符。开脚位则是指右脚与球滚动路线距离近，左脚较远。

瞄准：两脚距离约同肩宽，距离球的位置适中，两肩间的连线应与瞄准的目标线平行。如果两肩之间的连线与瞄准线不平行，左肩离线近而右肩离线远，就会出现击球错误，会使振杆的振弧偏离目标线而击出偏右的球，相反，如果左肩离线远而右肩离线近，击球也会出现振弧向左偏离目标线，击出偏左的球来。

(4)劈起球

动作方法:选用8号、9号铁杆或劈起杆,瞄球时身体重心更多地移向前脚上,采用开放式站姿。球应该在站位中间或者靠后,双手前压,也就是应该停在球的前面,更靠近前脚。后挥杆时,保持身体重心在前脚,身体上部指向目标。采用垂直挥杆方法,即上挥杆时球杆与地面垂直,以增大下挥杆击球时的力度。通过击球点时,确保双手前压至球的前面,右膝开始转向目标方向。双手前压能够使下挥击球先击中球,而不是先击中球后的草皮。右膝转向目标方向意味着通过击球点时开始转动臀部。此时,右臂不应该翻转在左臂的前面(相对右手打者),也就是说整个击球过程应该是整个身体转动,以获得一个更大的加速度和杆头速度。要打出旋转球,不应该减缓下杆速度和杆头速度。

(5)飞越障碍

①使球飞越大树。身体左侧低,右侧高,上挥时较早屈腕,下挥后要充分前送,高举杆头。这种姿势挥杆,杆头击球面下挥到最低点后向上运动时最容易击到球,球会很快地被击向空中。姿势和杆头的程度深浅,要依照树的高度和击球点到果岭之间的距离来调整。

②使球绕过大树。打右曲球采用开脚位,打左曲球采用闭脚位。杆头面对正大树,瞄准大树左侧。上挥时,从目标线的外侧开始,手的动作要陡直。下挥触球时球杆由外向内擦击球,使球产生右旋,球就能飞出右曲线,绕过大树。

③使球穿过大树。采用长铁杆或中铁杆,控制击球弧线,使球不碰到树而穿过大树,更靠近球洞。挥杆击球时注意控制杆面角度,以便击出的球能安全地穿过大树。

(6)沙坑球

沙坑是高尔夫球场中专为球员击球时设置的障碍,一般沙坑都设在果岭的周围和球道途中,这些沙坑被故意设置成大小不一、沙质各异、深浅不同的样子。

打沙坑球时,首先轻轻将双脚按入沙中,以保证身体的稳定。

运用开放式站姿以限制后挥杆幅度和加重挥杆力度。握杆也要往下2～5厘米,使双手能更接近球。瞄球点是球后 2 厘米左右的沙子。双脚、双膝、臀部和肩部都朝向目标左方,这样的准备姿势有助于挥杆击球。挥杆击球时,上挥杆的幅度取决于球距旗杆的距离,下挥杆击球是用杆头击向球后 1 厘米左右的沙子,顺势将球击出。球击出后,继续向前送杆,不要急于翻腕收杆。

①打上坡沙坑球。击球时,将身体重心靠向左腿,左腿弯曲,然后以打短切高球或切低球的方式挥杆,上杆时不用转腰,下杆时直接打球。若沙坑本身很高,球的前方被沙坑壁挡住,击球时必须尽量将杆面开放,并且在下杆时保持杆面开放。上杆时要转腰,下杆时用力朝沙坑壁击球,重心始终放在左脚上。

②打下坡沙坑球。打下坡沙坑球时,瞄球要靠近右脚,挥杆时注意保持身体平衡。上杆时杆头以直立角度举起,下杆时以锐利的角度进入后方的沙中。

③打果岭周围的球。打果岭周围(未陷入沙中)的球时,每次下杆的刮沙量都基本相同,所不同的是握杆的高低及挥杆节奏的快慢。距离越短,握杆越低,挥杆节奏也越慢;距离长的时候,则应高握杆或者是把杆面稍微直立一些,并加快杆头速度,最重要的是通过练习培养球感。

④打陷入沙中很深的球。采用爆破法击球,由上至下直接砍球挥杆,将杆面直立,身体重心放在左脚,下砍时将杆头在沙中拉向左脚方向,感觉好像要把杆头拉到果岭上去一样,使球与沙一起从沙坑中爆发出来。

⑤球道沙坑球。球道沙坑距果岭较远,如果球没有陷入沙中,则可以正常地挥杆击球。为了将球击得更远,可以使用长铁杆或木杆。如球只有一部分陷入沙中,不论深浅都应采用在球道上打中铁杆的方法。无论打何种沙坑球,要根据球在沙坑的位置决定打法,关键是不要冒不必要的风险,有时候只要将球打到安全地点,使下一杆容易打好就够了。

(7)风中球

①顺风球。在高尔夫球比赛中,顺风击球,可以增大球的飞行距离,也可以改变球的飞行方向。比平时小一号的球杆亦可打出同样的距离,如发球时可选用2号或3号木杆。由于杆面角度较大,较容易把球的弹道打高,较好地借助有力的风势。但球难以产生旋转,不好控制稳定性,特别是中距离球,很难掌握好落点。击球时应充分挥杆,动作准确利落,以打击比风力更强的旋转球,这样才能使球落点准确。

②逆风球。在打逆风球时,最好选用3号木杆,缩短球的飞行距离,控制球路。在开球区上发球时,球座比平时插得低并稍向前倾,球位比平时更靠近两脚中央。引杆和上杆的速度较平时慢一些,注意控制杆头方向,避免过分用力,动作要流畅,多向前送;在球道上打逆风球时,要根据情况选择较大号的球杆,挥杆时注意保持动作的平衡和节奏,不要过分用力挥杆。

③横向风中球。在横向风中击球时,最好打低弹道球,以便最大限度地减少横向风对球飞行方向的影响。在击球时可以打左曲或右曲球,再借助横向风力将球矫正到正确方向。一般球手如不具备一定的技术水平,不要轻易用曲线球来利用风向,以免把球打进球道左右的障碍区。

(8)雨中球

击雨中球时,要用比平时稍长的球杆,最好穿有钉子的高尔夫球鞋,使脚牢固地站稳在地上,在泥泞地面击球时,站姿应略低,尽量减少身体转动的幅度,多打直线球;观察场地的湿度和泥泞程度,用长铁杆或中铁杆击球时,上杆要比平时平而陡直;积水地击球如同沙坑地击球。要用9号铁杆或劈起杆,双手握杆在球前,引杆和上杆须陡直,向下击球应先击到球后1～2厘米的水中。

(9)斜坡球

①上坡球。打上坡球时,身体和肩膀要尽量顺着坡势,依照上坡的斜面来挥杆。左膝稍弯曲,身体重心放在右脚上,球位在中央靠右的地方。由于打上坡球时容易出现左曲球,要瞄准目标

稍右的地方，保持瞄准时右膝的弯曲姿势来挥杆，完成击球的动作也要减小一些，顺着斜坡挥出去。

②下坡球。向下坡的方向击球时，下坡的坡角会抵消一些杆面的倾角，能酌情选用倾角大的球杆，如“P”杆或“S”杆。球位稍偏向右脚，身体重心在左脚，保持两肩、两膝的连线与坡面平行，坡度越大，站位较正常站位越宽。由于球较易于偏向右边，故要瞄准目标的稍左侧一些。挥杆幅度约为3/4，挥杆时重心仍然保持在左脚，顺着坡势进行击球。

③球低人高的斜坡。在击球的过程中，球位要低于脚位，握杆握在杆把的末端，让球杆更加长些。应站得靠球近一些，弯腰，球位要放在两脚中间，瞄准目标左边的地方，挥杆较平时应小一些。

④球高人低的斜坡。这种球球位高于脚位，握杆时握住杆把的下沿，让球杆变得更短。球位要放在两脚中间或偏右；身体稍向前倾，挥杆的时候下杆要较平时重，瞄准目标的右边。

二、战术训练

(一)短洞战术

所谓发球区短洞，一般指标准杆为3杆的球洞。在发球区短洞的打法中，有以下几种战术。

1. 巧用球座打痕

短洞发球区的发球，第一杆非常重要，打好第一杆才能确保拿到标准杆，否则就很难完成任务。通常在短洞发球区，球座的使用对发球起到了很大的作用，一般球员都会选择较为平整的球座，因为在发球区都会有很多的打痕。优秀的球员通常会巧妙地利用打痕架球，把球架在打痕的后部，便于参考其他球员的校准线；当然也可以把球架在打痕的前端，这样更容易击打到球的合适部位。

2. 球洞面积判定

短洞发球区根据距离的不同，其球洞面积、障碍物的设置也有不同，因此所采取的战术策略也不同。

(1)短距离，小球洞

短距离3杆洞的球洞区较小，并且多有障碍保护，球员可根据自身情况选择相应战法，一般水平球员可以一杆把球打上球洞区，也可以打一过渡杆。

(2)长距离，大球洞

较长距离的3杆洞球洞区面积要大一些，所设障碍的难度也相对较小。对于这样的球洞，球员可以直接攻击球洞区，即使击球稍有偏差，其损失也不会太大。如果过于谨慎，不仅会错过减少杆数的机会，也会增加第二杆调整的距离及难度。

3. 不要急于求成

对于长距离的3杆洞，如距球洞200码左右，球员不要强求一杆把球打上果岭。多数业余球员选择用短一些、杆面倾角大一些的球杆，第一杆把球打到果岭附近，剩下的距离用劈击或切击把球送到球洞附近。

(二)长洞战术

长洞战术是指标准杆为5杆及以上的球洞所采用的战术策略。长洞战术的重点是在第4杆和第5杆。很多优秀的高尔夫球员认为“真正的高尔夫球其实是在第3杆才开始”。因为进行5杆洞的角逐时，前两杆只是球员之间力量和击球远度的比拼，在很大程度上削弱了击球的技巧和战术。通常5杆洞比赛是比较吸引人的，因为这个时候他们能看到球场上的漂亮击球，但相对难度会较高。长洞战术的注意事项有以下几个方面。

(1)把长洞距离划分来分析，每一杆只有175码左右的距离，比很多 4 杆洞要求的击球距离还要短。因此,大力击球的失误率会增加。

(2)长洞战术发球要力求稳妥,要把球安全地打到球道上,而非打得越远越好。

(3)一般选手在长洞中的前两杆都选择大力发球,如果成功,第三杆就会使用特殊铁杆进行半挥击球。但这并非是最佳的击球策略,如果在第二杆的时候把球打短一些,就会为第三杆进攻果岭创造良好的条件。

(4)根据长洞的环境分析,5 杆洞的果岭通常比较小,球道区,特别是球洞区附近多有障碍保护,采用两杆攻击果岭的策略在多数情况下是不足取的。

综上所述,当遇到 5 杆及以上球洞时,采取保守击球,不失为"以退为进"的理想策略。

(三)旋球战术

旋球战术是指在球进入球道后,落在树木后面和水域旁是非常常见的现象。当遇到这种情况时,主要采取的措施是将球打回球道比较安全的地方,也就是打一杆过渡球;或者打战术旋球,绕开障碍直接进攻。打旋球战术是指利用侧旋力的作用,有意识地控制球绕过障碍物。具体的分析研究如下。

1. 左旋球战术

左旋球就是在侧旋力的作用下产生的向左飞行的球。左旋球的具体动作方法是:打左旋球需要采用关闭式的站位,即相对于目标线左脚比右脚稍微靠前的站位方式,球杆杆面朝向目标线。在下挥杆时,杆头从右后内上向左前外下形成斜向的由内向外的运动轨迹。也就是说,下挥杆轨迹与球的目标线构成从右后向左前的交叉。在打左旋球时重点要注意以下几个方面。

(1)采取对准球的目标线站位,右脚向目标线内侧移动。

(2)使杆面对准击球目标。

(3)使球处于双脚中间略靠后的位置。

(4)杆面相对于双脚的连线呈关闭状态。

(5)沿着肩、髋、膝和双脚的连线挥杆,杆头稍向左偏移。

(6)从目标线内侧向外侧小角度击球。

(7)向下挥杆和击球时双手放松。

(8)掌握挥杆的节奏,扎实击球。

2. 右旋球战术

右旋球就是在侧旋力的作用下产生的向右飞行的球。其实左旋球与右旋球没有本质的差异,只是根据自己的击球习惯和实际环境情况来选择。

打右旋球的具体方法是:打右旋球应选择开放式站位,身体向左开放,开放的程度根据球的旋转方向而定。根据幅度大小来控制开放程度。打战术右旋球的重点主要有以下几个方面。

(1)设想球自左向右偏移,并落在理想的目标。

(2)做好挥杆前的调整,无须刻意控制挥杆。

(3)球对应两脚中间略靠前的位置。

(4)如果平时击球习惯向左偏移,最好采用弱势握杆。

(5)杆面相对双脚连线开放。

(6)下挥杆时身体重心转移到右腿上。

(7)沿着与身体部位的连线(肩、髋、双膝和双脚的连线)挥杆。

(8)击球时杆面打开,从目标线外侧击球。

(四)弹道球战术

1. 低弹道球战术

所谓的低弹道球是指在特殊环境下打出的低飞球。如在遇到强逆风或在森林中击球时,多采用打低弹道球战术。要打出低弹道球需要掌握的要领有以下几种。

(1)使用杆面倾角较小的球杆,如木杆或长铁杆。由于其杆面倾角较小,击球时可以减小球的上升角度,使球的飞行弹道低而平。

(2)在打球时,球座位置越靠近右脚,球的飞行弹道就越低。这是因为球的位置偏向右侧时,杆头在击球的瞬间是在下杆部分的下降阶段,而不是杆头运动弧度的最低点。

(3)采用直角站姿,重心更靠近左侧,球的位置要比正常球位靠后。击球时将重心更多地移至前侧腿,并在挥杆过程中一直保持这种状态。

(4)在打低弹道球时,要注意控制自己的左腕和双臂,整个动作紧凑,幅度不宜过大。

(5)将球杆握得稍短一些,这样有利于控制握杆。

(6)在下杆过程中,手应领先于杆头,特别是在击球时,要使杆头低而长地运动。

2.高弹道球战术

高弹道球是指在特殊环境下打出的高飞球。特殊环境就是在比赛中,遇到树木或其他较高的障碍物时。通常,高弹道球的风险较大,必须对障碍物的实际高度和球与树木之间的距离进行准确的判断才能保证击球成功。高弹道球战术要注意以下几点要求。

(1)打高弹道球,要根据球与树木的距离调整杆面倾角。距离树木较近时,应使用杆面倾角较大的短铁杆。距离树木较远,就应当使用杆面倾角较小的中铁杆甚至长铁杆击球。这样,既可打出一定的距离,又能打出一定的高度。

(2)在打高弹道球时,球杆要选择杆面稍后仰,尽量增大杆面倾角;球的位置也要比正常球位靠前;然后右移身体重心,以加固右腿的支撑;在上杆部分时,要使肩部充分回转;在下杆过程中手应落后于杆头。整个动作都要把控很好才能击出漂亮的高弹道球。

第四节　高尔夫运动员训练的科学管理

一、进行全面的身体训练

全面身体训练的任务是促进青少年身体生长发育，提高身体各器官和系统的机能能力，全面发展身体素质，为大负荷训练和专项训练奠定良好的身体基础。

(一)重视身体素质发展敏感期的训练

身体素质发展敏感期是指特定能力和行为发展的最佳时期。各种身体素质都有自己发展的敏感期，在敏感期内发展某一身体素质，可取得良好的训练效果。敏感期与人体生长发育的规律密切相关。10～12岁时，是人体发展运动协调性和速度素质的宝贵时期；12～14岁时，应加强各种运动技能的学习，全面发展一般力量；15～16岁时，可以开始采用较大重量的负重练习来发展力量；17～18岁时，可以进行大强度的力量训练和专项耐力训练。

(二)结合专项重视专门能力的培养和训练

随着年龄的增长和训练水平的提高，特别是选定专项之后，全面身体训练必须与专项需要相结合。另外，要系统培养青少年高尔夫球专项运动能力，这是获得高水平运动成绩的必备技能。例如，高尔夫球中挥杆技术的身体转动能力、推杆的控制能力等。

二、系统教授动作技术

青少年时期是学习和掌握高尔夫球技术的大好时期，也是建立正确动力定型的大好时期，此时进行系统的技术训练可收到事半功倍的效果，为后续训练奠定良好的基础。

（一）在训练中确立和采用先进的动作技术模式

青少年在进行高尔夫球技术教学与训练之前，首先应建立所学动作技术的先进模式，抛弃原始的、落后的运动技术，要从思想上改变青少年不能学习或掌握不了先进动作技术的错误认识，要选择和采用适合其自身特点的技术动作、运动负荷和练习方法。但是，还应注意这一技术模式不应是某一优秀球员技术的简单模仿，而应体现出先进动作技术的基本特征，为动作技术的不断完善与改进直至建立正确的动作技能与动力定型奠定基础。

（二）进行全面的技术训练

有一定高尔夫球天赋的青少年往往不只是在某种杆的运用上，而是在多种杆的运用上都表现出出色的控制能力。因此，青少年的高尔夫球训练应进行对不同杆的控制能力的全面训练，这样有利于提高成才率，有利于在青年和成年期不断提高高尔夫球运动技术水平。

三、重视道德品质与心理素质训练

优秀的职业高尔夫球运动员的成长实践证明，高水平的球员不但要具备超高的高尔夫球训练水平，还须具备良好的道德修养、意志品质和心理素质。

在高尔夫球教学训练中，要注意培养青少年的组织纪律性、集体荣誉感和爱国主义等优良品德，以及对高尔夫球的热爱和高度的事业心。同时，心理因素对高尔夫球运动员的活动起着调节、控制和主导作用，直接影响着训练效果和比赛成绩，必须从青少年时期就进行系统的心理训练。良好的道德修养、意志品质和顽强拼搏的作风，是优秀高尔夫球运动员培养与成长过程中十分重要的问题，需要在长期艰苦的训练过程中予以强化，不断增强青少年球员克服困难、战胜困难的勇气和信心。

参考文献

[1]韩烈保.高尔夫概论[M].北京:科学出版社,2017.

[2]陈佩杰,唐炎.青少年高尔夫球运动技能等级标准与测试方法[M].北京:科学出版社,2018.

[3]顾跃,何兵雄.高尔夫赛事组织与运作[M].2版.长沙:湖南人民出版社,2017.

[4]常智慧.高尔夫俱乐部经营与管理[M].北京:科学出版社,2017.

[5]张国华.高尔夫规则与礼仪[M]2版.广州:暨南大学出版社,2017.

[6]张琳.高尔夫市场营销实务[M].广州:暨南大学出版社,2017.

[7]周鹏.高尔夫园林景观资源评价与分析[M].北京:中国林业出版社,2017.

[8]马克.高尔夫教程[M].上海:同济大学出版社,2017.

[9]袁浩镛.高尔夫旅游[M].重庆:重庆大学出版社,2017.

[10]顾跃,何兵雄.高尔夫赛事组织与运作[M].长沙:湖南人民出版社,2013.

[11]姚远,李良忠.高尔夫赛事组织与管理[M].北京:旅游教育出版社,2014.

[12]史国生,邹国忠.体育竞赛组织与管理[M].南京:南京师范大学出版社,2008.

[13]郑青.湖南省业余高尔夫赛事研究[D].吉首:吉首大学,2012.

[14]王昆仑.高尔夫球运动教程——体育院校通用教材[M].北京:人民体育出版社,2012.

[15]王军.高尔夫赛事组织机构人才的管理策略[J].体育科学研究,2015(1):29—32.

[16]张晓春,吴亚初.现代高尔夫运动中国源流考[J].北京体育大学学报,2007(9):1295—1296.

[17]王庆伟.论西方发达国家职业体育制度的源起及其变迁[J].西安体育学院学报,2002(2):17—20.

[18]吴亚初.高尔夫概论[M].北京:人民体育出版社,2011.

[19]许沛冬,张晓波.中国高尔夫赛事发展现状及趋势[J].体育文化导刊,2014(7):79—82.

[20]袁运平,凌奕.高尔夫球运动手册[M].北京:人民体育出版社,2001.

[21]戴福祥.怎样打高尔夫球[M].苏州:苏州大学出版社,2006.

[22]谭颖文译.高尔夫进阶手册[M].沈阳:辽宁科学技术出版社,2007.

[23]吉林体育学院阳光体育运动丛书编写组.高尔夫球[M].长春:吉林出版集团有限责任公司,2008.

